Solteira e Feliz
Guia Clássico para Mulheres

Marjorie Hillis (1889-1971) trabalhou para a *Vogue* por mais de vinte anos, começando sua carreira como escritora de títulos e legendas para o livro de moldes e trabalhando sua ascensão ao cargo de assistente editorial da mesma revista. Ela pertencia a um número crescente de profissionais mulheres que eram independentes e viviam sozinhas por opção. Em 1936, Marjorie escreveu *Solteira e Feliz*, guia insuperável dirigido a "mulheres solteiras" (que começavam a ser conhecidas como "as sozinhas"). Tornou-se instantaneamente um *best-seller*.

Três anos após a publicação do livro, aos 49 anos, a senhorita Hillis despediu-se carinhosamente "das sozinhas", casando-se com o senhor T. H. Roulston.

Solteira e Feliz
Guia Clássico para Mulheres

De Marjorie Hillis

Prefácio de Lisa Hilton

Ilustrações de Cipé Pineles

Tradução de
Maria Alexandra Orsi Cardoso Almeida

Título original: *Live Alone and Like It*

© 1936 by Marjorie Hills
Publicado pela primeira vez na Grã-Bretanha pela Virago Press
(Little, Brown Book Group) em abril de 2005. Reimpresso em 2006.
Publicado pela primeira vez nos Estados Unidos pela Bobbs-Merrill
Company, em 1936.
Copyright do prefácio © Lisa Hilton, 2005
© 2008 by Editora Novo Conceito
Todos os direitos reservados.
1ª. impressão – junho de 2008

EDITORA: Bete Abreu
ASSISTENTES EDITORIAIS: Marília Mendes e Sonnini Ruiz
PRODUTOR GRÁFICO: Samuel Leal
TRADUÇÃO: Maria Alexandra Orsi Cardoso Almeida
PREPARAÇÃO DE TEXTO: Esther Oliveira Alcântara
REVISÃO DE TEXTO: Flávia Schiavo
EDITORAÇÃO: GERA Comunicação
CRÉDITO DA IMAGEM DE CAPA: Stockxpert

Dados Internacionais de Catalogação na Publicação (CIP)
(Câmara Brasileira do Livro, SP, Brasil)

Hillis, Marjorie
    Solteira e feliz : um guia clássico para mulheres / de Marjorie Hillis ; prefácio de Lisa Hilton ; ilustrações de Cipé Pineles ; tradução de Maria Alexandra Orsi Cardoso Almeida. -- São Paulo : Novo Conceito Editora, 2008.

Título original: Live alone and like it : the classic guide for the single woman.

ISBN 978-85-99560-35-8

1. Felicidade 2. Mulheres solteiras - Guias de conduta de vida 3. Solidão I. Hilton, Lisa. II. Pineles, Cipé. III. Título.

08-03463   CDD-305.489652

Índices para catálogo sistemático:
1. Mulheres solteiras : Ciências sociais   305.489652

Rua Sansão Alves dos Santos, 102 • 2.º andar • Cj. 21
Brooklin Novo • CEP 04571-090 • São Paulo - SP
Telefones: [11] 5102.4770 • 5102.4834
www.editoranovoconceito.com.br

Sumário

Prefácio 9

Introdução................................. 21

Capítulo 1 29
Solitário refinamento

Capítulo 2 43
Quem você acredita ser?

Capítulo 3 57
Quando uma mulher precisa de um amigo

Capítulo 4 73
Etiqueta para uma mulher sozinha

Capítulo 5 81
Seu lazer, caso tenha algum

Capítulo 6 101
Cenário para um solo

Capítulo 7 117
Prazeres de uma cama de solteira

Capítulo 8 131
Você ousa ou não?

Capítulo 9 139
Uma dama e seu licor

Capítulo 10 157
O grande elo

Capítulo 11 175
Seria melhor pular este capítulo

Capítulo 12 193
Mais etiqueta para uma mulher sozinha

Prefácio

MANUAIS PARA A MULHER solteira existem desde a invenção da prensa tipográfica, talvez mesmo antes.

Dos códigos de um convento medieval ao corajosamente denominado *Afternoon of Unmarried Life*,[1] publicado por uma "aristocrata solteira da Inglaterra" em 1859, ao *Sex and the Single Girl*,[2] de 1962, de autoria de Helen Gurley Brown, e ao radicalmente secular *Três Saias Pretas*, também de 1962, escrito por Anna Johnson, as mulheres foram sendo controladas, intimidadas, enganadas e consoladas sobre os prazeres e as armadilhas de uma vida solteira durante milhares de anos. Curiosamente, nada equivalente a isso – que é muito distintamente

---

1. A autoria desta obra persiste até hoje em anonimato. O livro aconselha a adoção daquelas virtudes arquimilenares de submissão feminina aos valores repressivos da sociedade machista. (N. da T.)

2. O livro tornou-se *best-seller* e filme em 1964. É também obra inspiradora da atual série televisiva *Sex and the City*. (N. da T.)

um gênero de leitura – existe dirigido ao esclarecimento masculino, não obstante o fato de as estatísticas lugar-comum das pesquisas atestarem que os homens solteiros morrem mais jovens, cometem suicídio com maior freqüência, são acometidos por mais problemas de saúde e, de modo geral, levam uma vida mais entediante que seus iguais casados, o que sugeriria que eles estão extremamente em falta disso. Perenemente se escolhe a mulher, cuja condição solitária, eletiva ou não, costuma ser, de certo modo, encarada como um problema a ser resolvido. A premissa inerente a quaisquer desses manuais é a de que a mulher sozinha está em busca de um guia para superar os terrores de sua peculiar e indesejável solidão. Marjorie Hillis, sem hesitação, faz dessa ausência de um claro papel social o seu tema, escolhendo apropriadamente o subtítulo "um guia para uma mulher sozinha", para seu livro *Solteira e Feliz* (conforme edição original de 1936). Qualquer autêntica feminista teria, presumivelmente, arremessado tamanha futilidade na lata de lixo e escolhido ler um livro mais apropriado. Até hoje as mulheres compram esses manuais e ainda os lêem, e os jornais continuam repletos de histórias terríveis sobre solteiras sendo responsabilizadas por quase todos

Prefácio

os males sociais de que mães trabalhadoras não podem ser culpadas; e o solteirismo da mulher, não importando o quão brilhante ou bem-sucedida ela seja, é ainda encarado com estranheza. Sendo assim, como explicar que *Solteira e Feliz* – publicado em 1936 e, presumivelmente, por isso mesmo inteiramente irrelevante para a mulher do século XXI – continue tão digno de leitura?

Solteira e Feliz é também uma alegre recordação de que o feminismo não foi só greve de fome e sutiãs queimados.[3] O livro situa-se, grosso modo, entre as duas maiores ondas do movimento feminista: a conquista do sufrágio após a Primeira Guerra Mundial e a liberação da mulher nos anos de 1960 e princípio da década de 1970; e o sentido de energia e poder que deriva do primeiro antecipa sutilmente o segundo. Embora algumas das constatações sejam muito graves, como no capítulo sobre relações amorosas intitulado "Você ousa ou não?" (em que se conclui de forma bastante sombria que a "mulher sempre paga"), *Solteira e Feliz* é pleno do senso da riqueza de emocionantes possibilida-

---

3. Referência específica a atitudes usadas como bandeira de protesto e reivindicação pelo movimento feminista surgido formalmente nos Estados Unidos na segunda metade dos anos de 1960. (N. da T.)

des, abertas para as mulheres pela primeira vez em sua história. Para a escritora, e leitora, no ano de 1936, a mulher sozinha fora até então embalsamada pelo imaginário popular no catafalco de crochê da "donzela". Empoeirada, meritória, mal-amada, indesejável, uma mulher cuja inclusão em qualquer evento social era uma obrigação incômoda, e cuja virtude existia por acaso, a sina da donzela solteirona mostrava-se tão acabrunhante que não era nada surpreendente a maioria das mulheres sentir ser o casamento uma questão de vida ou morte social. Quando Marjorie Hillis publicou seu livro, as mulheres já tinham jogado fora suas saias embaraçosas e se empregado em fábricas e escritórios – elas estavam dirigindo carros e votando para presidente, bebendo martíni e usando batom, atitudes aparentemente bastante comuns agora, mas que naquela época anunciavam o início de um autêntico mundo novo. O vocabulário feminista já se encontrava solidamente em uso: viver sozinha, declara o livro, será difícil "se você possui uma mente antiquada e se ainda concebe a si mesma como pertencente ao sexo frágil". A independência é compreendida, de forma inovadora, como uma estimulante necessidade, e qualquer mulher que sinta piedade de si mesma por mais de um mês, continuamente, é tida como uma irmã fraca e passível de ainda se tornar um incômodo público. Viver sozinha requer força de caráter, sugere o livro, lembrando que tal força é um compromisso assumido em troca dos primeiros degraus rumo à igualdade. De qualquer modo, o livro é bastante claro ao considerar que a conquista de igual poder é uma luta, como de fato até então o era, em 1936.

Ao contrário de suas equivalentes contemporâneas, portanto, Marjorie (e logo após as primeiras páginas ela é definitivamente "Marjorie") não é nada hipócrita. Mais propriamente, ela não precisa realizar um deselegante malabarismo entre afirmar que viver sozinha é maravilhoso e permitido e ao mesmo tempo essencialmente dar conselhos sobre como enfrentar o terrível fato de que falhara em conseguir se casar. Marjorie admite, logo de início, que seu livro "não é um breviário em favor de viver sozinha", mas um encorajamento para as mulheres extraírem o melhor de um "solitário refinamento", mesmo que possivelmente "apenas agora e entre um marido e outro". *Solteira e Feliz* aborda como fazer, o melhor possível, da necessidade uma virtude, questão de que todos os outros livros também tratam, de alguma forma, ainda que não politicamente corretos o suficiente para admiti-lo. Dissonância cognitiva que se dissipa com um *spritz* de água de colônia, e podemos então continuar desfrutando da recomendação, o que não é nada mau.

Um dos mais agradáveis aspectos de *Solteira e Feliz* está em que ele não faz menção ao terrível paliativo do século XXI: a terapia. Freud já havia sido publicado há um bom tempo quando Marjorie estava escrevendo seu livro, mas, presumivelmente, ela se encontrava ocupada demais preparando canapés e correndo ao teatro para que tivesse tempo de lê-lo. Aprimoramento pessoal, a proposta de *Solteira e Feliz*, não é nutrir a auto-estima de alguém como se nutrisse um cachorrinho doente, mas adotar uma postura franca ante os defeitos de personalidade e aparência, e propor algo a respeito. Culpar os outros por uma suposta solidão ou ficar esperando ser ajudada é o pecado número um da mulher solitária: "Embora o sofrimento possa ser um papel atraente para quem o interpreta, é terrivelmente enfadonho para todos os demais". Se você estiver aborrecida e sozinha, sugere Marjorie, atribua isso à própria falta de iniciativa. "A verdade é que, se você for uma pessoa interessante, terá abundância de amigos, mas o contrário não será assim, a menos que você seja muito, mas muito rica."

Tornar-se interessante não requer nenhum rendimento (o livro inclui uma lista de atividades encantadoras e de baixo custo para uma jovem audaciosa em Nova York, lista que pode, com um pouco de imaginação, ser facilmente adaptada para qualquer cidade moderna), mas, por outro lado, requer cultivo. Ser versada e bem informada, aprender a ouvir e a inspirar as pessoas, tomar as dificuldades como ensejo para refinar um gosto e desenvolver algumas idéias a respeito de artes plásticas, teatro ou política não são atitudes sugeridas como estratégias cujo primeiro objetivo seja laçar um homem, conforme aquelas propostas do horripilante *best-seller The Rules*,[4] mas, sim, a responsabilidade de alguém sensível, um ser humano inteligente que anseia por desfrutar de uma vida social.

Solteira e Feliz propõe sociabilidade como um requisito essencial para a mulher solitária. "Eremitas e outras pessoas auto-suficientes podem ser verdadeiros gênios", acrescenta Marjorie rapidamente, "e contribuir enormemente para o conhecimento

---

[4]. Manual de consulta para que as mulheres consigam "pegar" um homem. (N. da T.)

científico do mundo, mas praticamente não contribuem em nada para seu entretenimento, e levam uma vida bastante enfadonha". Essa proposta não está muito longe da idéia de Helen Fielding em seu livro sobre a famosa "solteirona" Bridget Jones,[5] cujos amigos criaram uma "família urbana" capaz de prover apoio e conforto na ausência de laços mais tradicionais. Ser interessada e interessante parece, portanto, uma receita honrosa para uma boa vida social, seja em 1936 seja em pleno século XXI.

Em termos práticos, *Solteira e Feliz* baseia suas sugestões no acalentado pensamento de que a mulher solteira pode agir como melhor lhe agrade. Um banheiro só para si, afirma Marjorie, é realmente uma das grandes bênçãos da vida. Entretanto, a liberdade vem junto com a responsabilidade.

O ambiente, por exemplo, "importa muito mais do que se você tivesse um marido ou mesmo um amante". O chique é soberano no lar ideal da mulher solteira, com o conforto vindo na seqüência, pelo motivo de que muitas pessoas o colocam em primeiro lugar, contudo as conseqüências as levam

---

5. Referência ao livro *O Diário de Bridget Jones*, que narra a vida de uma jovem solteira, suas venturas e desventuras; um *best-seller* que virou filme. (N. da T.)

a colocá-lo em segundo. Não economize em flores, e acautele-se contra os efeitos da depressão, que se alimenta como uma cobra de nosso moral. Quanto à decoração, Marjorie corajosamente sugere: "Mobília em excesso está tão fora de moda quanto modéstia". Igualmente preciso é o capítulo sobre o prazer de uma cama de solteira, muito alegremente ilustrado com uma divertida senhora penteada ao estilo Marcel *wave*,[6] fumando um cigarro e coberta por uma colcha de cetim preguado, vestindo um robe colante e com um ar de enfado encantador. Um espelho é recomendável diante da cama, assim sua ocupante pode ser vista quando em postura sentada: "Isso às vezes pode parecer depressivo, mas costuma funcionar mais como um alerta quando você se sentir perdendo a postura". Quanto a algumas outras atividades na cama, Marjorie considera muito vulgar mencioná-las, mas há uma dica deliciosamente discreta sobre auto-satisfação na página 119.

Aparência, em um manual para moças solteiras, é sempre uma questão crucial. Somente tolos acre-

---

6. Marcel de France foi o criador de uma técnica para enrolar os cabelos. Cabelos encaracolados eram imprescindíveis para estar conforme a moda da primeira metade do século XX. (N. da T.)

ditam que as mulheres se comprimem em sutiãs meia-taça e em inconfortáveis sapatos em benefício próprio, mas uma aparência desagradável, de modo inverso, jamais fez muita coisa pela autoconfiança de qualquer pessoa. Marjorie não tem dúvida nenhuma de que o vestuário tem relação real com a psique, e, desde que a roupa de dormir – em cetim forrado ou outro – não esteja muito surrada, a questão de que se pode ter tanto coisas belas quanto coisas feias, mesmo que ninguém vá vê-las, não parece de todo irracional. A afirmação de que muitas mulheres vivem sozinhas por causa de uma escolha equivocada do creme facial é, de qualquer forma, um tipo de opinião de que o leitor moderno poderia bem prescindir. As recomendações de Marjorie relativas à maquiagem e moda obviamente precisam ser consideradas como princípios mais propriamente do que como modelos, e o mesmo se aplica às suas sugestões sobre alimentação e entretenimento. O culto pós-moderno da deusa doméstica pode parecer mais uma estocada para aturdir as atormentadas mulheres, e as sugestões de *Solteira e Feliz* a respeito de entretenimento com um pequeno orçamento num pequeno espaço parecem, surpreendentemente, bem mais modernas. A atração

Prefácio

daqueles jantares no estilo "prato-rápido" às vezes parece um insidioso modo de empurrar as mulheres de volta ao fogão; tudo bem quando se tem o dia inteiro para montá-los, o dinheiro para todos aqueles ingredientes básicos e uma cozinha de tamanho razoável, mas, por outro lado, tão relevante para a maneira como a maioria das mulheres come e recebe visitas quanto uma receita de Fanny Cradock.[7] *Solteira e Feliz* propõe uma infinidade de bons drinques, o uso de uma bancada de *delicatéssen* e também despender esforços na conversação. Espaço semelhante é reservado para o solitário esplendor de um farto *breakfast* na cama, o que é muito mais honroso do que mexer com fígado de boi depois de um dia pesado no escritório.

Este livro não vai dizer a você como conseguir um melhor orgasmo ou como se casar com um milionário. Também não vai ofendê-la, dizendo-lhe que uma massagem a aliviará de sua angústia íntima ou que um *show* de adolescentes superproduzidas e fantasiadas como mulheres no horário nobre da televisão são papéis-modelo, por meio dos quais você pode se conhecer melhor. Embora severa, é

---

7. Fanny Cradock (1909-1994), escritora britânica, crítica e âncora em programas sobre gastronomia na televisão. (N. da T.)

também inteligente a proposta para as mulheres gerenciarem o próprio dinheiro corretamente, e ela não simula que sua vida sofrerá uma revolução se você conseguir poupar dez centavos. Sob alguns aspectos, trata-se de um livro antiquado – ele não considera, por exemplo, as mulheres solteiras com filhos nem as mulheres homossexuais, e o fato de que donzelas não são mais tão fáceis de encontrar como o eram em 1936. Ele é, ainda, enfaticamente um livro adulto, a despeito de sua jocosidade, e oferece um tremendo prazer na leitura, necessite ou não da totalidade de seus conselhos. Em geral, no entanto, conclui Marjorie, se você seguir sua orientação, "provavelmente não terá de viver sozinha e gostar disso".

Lisa Hilton, 2003

Introdução
Frank Crowninshield

AS MUDANÇAS SOCIAIS OCORREM rapidamente na América. No século XIX, por exemplo, era humilhante conceber a mulher entrando no mundo dos negócios em Nova York. O estigma era intolerável demais para que ela pudesse suportar.

É bem verdade que, antes de 1900, poucas mulheres haviam ousado ingressar em algumas profissões, pois isso era bastante chocante. Julie Cruger e "Pussy" Wharton[8] escreviam novelas; Cora Potter e Clara Bloodgood atuavam em peças teatrais. Mary Cassatt[9] e Lydia Emmet pintavam quadros, enquanto Mary Putnam, a despeito de tudo e todos, praticava a medicina.

Porém, em 1900, uma série de cataclismos abalou a estrutura da sociedade de Nova York. Quatro mulheres da alta sociedade, súbita, dramática e si-

---

8. Edith Newbold Jones Warthon (1862-1937), novelista americana e poetisa. É considerada a mais famosa autora de seu tempo; *A Idade da Inocência*, o mais famoso de seus livros, foi transformado em filme. (N. da T.)

9. Mary Cassatt (1844-1926 nos Estados Unidos); sua arte em pintura levou-a a ser considerada uma impressionista. Foi esposa de Degas, de quem sofreu influência. Viveu a maior parte da vida na França. (N. da T.)

multaneamente, ingressaram no mundo dos negócios. "Dodie" Osborn no segmento da costura; Elsie de Wolfe tornou-se decoradora de interiores; Kitty Gandy abriu uma chapelaria para senhoras; e Bessie Marbury abriu uma agência de artistas para a Broadway. Ante essas novidades, o *Social Register*,[10] então em seus primórdios, estarreceu. Nada, desde o assassinato de Maria Antonieta,[11] havia a tal ponto ameaçado as fortalezas da alta sociedade.

Durante um ano, aproximadamente, as quatro insolentes damas continuaram sendo excomungadas, consideradas párias e a própria expressão da vergonha. Mas a coragem foi a palavra de ordem dessas mulheres; elas persistiram e prosperaram. O resultado desse altamente bem-sucedido martírio faz-me confrontar, diariamente, na Quinta Avenida ou na Madison, com milhares de prósperas damas: chapeleiras, modelistas, decoradoras e agentes dos mais diferentes tipos, sem mencionar as outras 10 mil mulheres de classe espalhadas pela cidade, en-

---

10. Refere-se a um anuário, restrito aos Estados Unidos da América, em que constam nomes e demais referências das pessoas pertencentes à elite opulenta. (N. da T.)

11. Maria Antonieta (1755-1793), rainha da França no conturbado período que precedeu a Revolução Francesa. Julgada pelo Tribunal Revolucionário, foi guilhotinada sob o Regime do Terror. (N. da T.)

tre butiques da moda, pequenos *shoppings*, agências de viagem, galerias de pintura, editoras, casas de chá e lojas de departamentos.

E – como a moda costuma passar de uma época para a outra – aquelas quatro mártires foram seguidas por outras 200 mil jovens que, talvez, não fossem exatamente suas descendentes sociais no sentido de serem reconhecidas na ferradura dourada do Metropolitan,[12] embora fossem mulheres de inteligência, educação e bom gosto.

Em suma, Nova York tem testemunhado, nos últimos trinta e seis anos, a exibição de um tipo de exército inteiramente novo, composto de um quarto de milhão de moças capazes e corajosas, que não apenas enfrentam e resolvem com sucesso seus problemas econômicos, como também administram seu tempo para permanecerem, de forma sobrenatural, pacientes, apresentáveis e polidas em relação a esse assunto.

---

12. A expressão "ferradura dourada do Metropolitan" deriva muito provavelmente da disposição dos camarotes em forma de ferradura diante do palco. Dourada porque as pessoas que lotavam praticamente de forma permanente esses camarotes estavam entre os abastados da alta (e conservadora) sociedade de então. Metropolitan era o requintado teatro que primava pela apresentação de óperas. (N. da T.)

Foi dessa maneira que o comércio, assistido por essa emancipação de criadas, inundou nossa cidade com uma nada refluente maré de mulheres trabalhadoras, freqüentemente solitárias.

O problema da mulher solitária é, naturalmente, mil vezes mais intrincado do que o do macho solitário. O macho solitário – por menos atraente que seja – de fato não vive nenhum problema. Ele apenas busca uma mulher descompromissada – geralmente também nada atraente – e prossegue nessa busca até conseguir encontrar uma.

É provável que se pense que, no caso feminino, bastaria reverter o processo e procurar persistentemente por um homem disponível. Mas isso não é tão fácil quanto pode parecer. Em primeiro lugar, a mulher não deve aparentar estar procurando: ela se vê obrigada a entrar em uma emboscada, que se revela sempre um negócio complicado, pois o macho solitário, uma vez percebendo que está sendo fisgado, mostra-se uma criatura esquiva. Ele é desconfiado demais ou esperto demais para ser apanhado, ou ainda, uma vez fisgado, demonstra ser tão inacreditavelmente fatigante que acaba sendo repelido.

De qualquer forma, o problema da mulher solitária é tratado com tanta sabedoria nas próximas

Introdução

páginas, que eu muito dificilmente ainda poderia acrescentar algo de relevante. Por exemplo, quando me proponho questões realmente fundamentais – "Como é a vida da mulher quando ela vive sozinha? Quais são seus tormentos freudianos, seus êxtases, triunfos, humilhações e frustrações?" –, as respostas dificilmente poderiam ser chamadas de satisfatórias. Enfim, eu não sei.

Há mulheres solitárias cuja solidão, ocasional e relutantemente, intercala-se a chamadas telefônicas, cabeleireiros, almoços, partidas de *bridge*, jantares, estréias e bailes, e cujos raros momentos de lazer são presumivelmente aproveitados para dormir.

Há mulheres solitárias (jovens na última moda que freqüentam em especial coquetéis fora de moda) que dão a impressão de se exibir em inaugurações de bar, festas de bebidas, e nos populares *night clubs,* e cuja solidão é indubitavelmente dedicada a vencer a ressaca. Há mulheres que esperam espantar a melancolia convidando homens temerários para jantar em casas de chá e alimentando-os com delicadas refeições compostas, principalmente, de melancia em cubos, poucos vegetais, como alface e agrião (com uma maionese bem leve), ameixas, e hortelã amarela para fechar. Bem curiosamente, esse tipo de tratamento é com freqüência bastante efetivo – principalmente porque as mulheres que o fazem são extremamente femininas e atraentes, do contrário elas não ousariam. E, por final, existem mulheres que realmente gostam de viver sozinhas.

Para essas raras criaturas, ocorreram-me algumas poucas sugestões. *Hobbies*, por exemplo. Houve um tempo em que ter um *hobby* era absolutamente *de rigueur*, embora levasse o nome de "realização". Na Era Vitoriana,[13] quando pretendentes eram mantidos a uma boa distância, as jovens damas costumavam costurar, fazer crochê e bordar enquanto eram cortejadas, devendo ainda manter uma belíssima aparência. Mas *hobbies* são considerados anti-sociais agora; homens modernos não gostam de ser costurados e atados; e o simples boato de que uma jovem coleciona selos, peixes tropicais ou arte africana equivale a cooperar – que horror – para aumentar sua solidão.

Eu poderia oferecer a eles, com justificativa, um ou dois *hobbies* sociais surpreendentes. Uma garota poderia praticar um *hobby* de jamais pedir uma carona até sua casa, depois de uma festa, para um ho-

---

13. Era Vitoriana designa o longo período (de 1837 a 1901) vivido na Inglaterra durante a soberania da rainha Vitória. (N. da T.)

mem que não a levara à festa e que mora a quilometros de distância em outra direção. Outro *hobby* poderia consistir em não falar sobre coisas de que ela não entende para pessoas que entendem, ou sobre coisas de que ela entende para pessoas que não entendem. Também não pintar de vermelho as unhas do pé, não vestir uma frente única quando for um pouco corcunda e não falar sobre sua árvore genealógica, se for originária do Sul, nem de suas ricas relações, no caso de ser proveniente do Oeste. Não consigo pensar em nada mais no momento, mas qualquer mulher solitária seria capaz de se lembrar de mil outras possibilidades, e cada uma delas provavelmente a tornaria menos sozinha. E tudo isso é particularmente preciso se ela vive em um quarto de pensão, ou num pequeno quarto em uma daquelas um tanto assustadoras instituições conhecidas como clube da mulher ou hotel da mulher.

Meu conselho às belas habitantes do último convento mencionado – e Nova York está fundando muitos deles – é torná-lo realmente conventual. Se todas as mulheres que viveram neles se recusassem a conversar com um homem, elas logo encontrariam pretendentes tocando violão sob suas janelas, subornando as governantas, galgando escadas em muros, enviando-lhes amuletos pela madre superiora e, ao contrário do que fazem, reprisando os perigosos feitos da era do romance.[14]

Outra sugestão seria criar uma fusão entre Yale, Harvard, Princeton e clubes de tênis, e todas as modernas hospedarias de mulheres em Nova York: 50% do clube masculino migraria para as hospedarias, enquanto os outros 50% das donzelas se embrenhariam pelos clubes.

Sei que essas palavras serão lidas, se o forem, com desdém; e para concluir posso apenas sussurrar, conforme as palavras de Voltaire: "Senhoras, senhoritas, cultivai seus jardins".

---

14. Refere-se à Idade Medieval, quando os cavaleiros apaixonados se arriscavam às vezes até a fatalidade para se aproximar de suas amadas protegidas por "fortificações" religiosas ou familiares. (N. da T.)

Capítulo 1

Solitário refinamento

ESTE LIVRO NÃO é um breviário em favor de viver sozinha. Cinco entre dez das pessoas que o fazem não conseguem ajudar a si mesmas e, ao fim, três dentre elas tornam-se pessoas irritantemente egoístas. Mas é provável que, algumas vezes em sua vida, possivelmente apenas entre um marido e outro, você se encontre entregue a uma existência solitária.

Você pode fazer disso uma opção. Muitas pessoas o fazem – mais e mais a cada dia. Contudo a maioria delas julga estar tomando uma atitude bem moderna e, por volta do segundo mês, freqüentemente desejaria não tê-la adotado.

Ou você pode – embora, naturalmente, não seja seu caso – pertencer ao grande exército dos Corações Solitários sem alguém para amá-los. Esse é um grupo a que ninguém com alguma perspicácia necessita pertencer por mais do que duas semanas, mas no qual um grande número de pessoas permanece, melancólica e continuamente.

A questão é que existe uma técnica para viver sozinha de forma bem-sucedida, assim como para fazer qualquer coisa realmente bem-feita. Caso você veja sua vida solitária como sina ou aventura (e quer você tenha 26 quer tenha 66 anos), você vai precisar de um plano se quiser fazer dela a melhor possível.

E a melhor possível pode ser de fato muito agradável. Tão agradável, talvez, quanto qualquer outra forma de vida e infinitamente mais agradável do que viver com muitas pessoas (quer dizer, duas ou mais) ou com uma única escolha errada. Você pode viver sozinha alegremente, graciosamente, ostentosamente, negligentemente, calmamente. Ou você pode apenas subsistir, numa solidão mal-humorada, apiedando-se de si mesma e sem conseguir mais suscitar qualquer tipo de sentimento em alguém.

Sua escolha nesse assunto não tem nada a ver com sua renda. Se for pequena, muito provavelmente você encontrará mais moradores solitários de seu nível do que se tivesse uma grande renda – e esses solitários provavelmente serão os que mais aceitarão convites de última hora para jantar, para ser a quarta pessoa para o jogo do *bridge* e para acompanhá-la a uma sessão de teatro.

Se você vive sozinha há muito tempo já terá seu próprio esquema de vida, e nossas palavras de sabedoria darão a você somente algumas esparsas sugestões. Mas para benefício daquelas que são novas nesse jogo particular de solidão, começaremos do princípio.

O princípio é a sua atitude – sua abordagem, por assim dizer. O sucesso em morar sozinha está na determinação de fazer dessa disposição um sucesso. Pertença você à escola conservadora, que denomina isso força de vontade, ou à moderna escola, que chama isso de coragem, a necessidade existe. Você precisa decidir que espécie de vida quer e então construí-la para si mesma. E pode pensar que deve fazê-lo de qualquer maneira, mas maridos e famílias modificam consideravelmente a necessidade. Quando você vive sozinha, na prática, ninguém resolve de fato as coisas para você.

Fazer a própria vida pode soar amedrontador – especialmente se você possui uma mente antiquada e se ainda concebe a si mesma como pertencente ao sexo frágil. Contudo na verdade não é. Você pode se divertir fazendo isso. Pode até mesmo – dentro das limitações impostas à maioria de nós, viva isoladamente ou em grupo – viver tão lindamente quanto lhe agrade. Esteja certa de que não haverá ninguém para cuidar de você quando estiver cansada, mas você também não terá ninguém que espere ser cuidado quando estiver cansada. Do mesmo modo, não terá ninguém para ser responsável por suas contas – e ninguém também por cujas contas você deva se responsabilizar. Estará livre para comer onde, quando e o que lhe agrade, até mesmo jantar servindo-se de uma bandeja, sentada em uma poltrona da sala de estar; aliás uma das mais altas formas de satisfação, que a mente masculina ainda não aprendeu a apreciar.

Você pode, na realidade, mimar a si mesma sem culpa – tática encantadora, que poucas mulheres sozinhas são suficientemente espirituosas para adotar. E ser espartana torna-se sem propósito quando não há ninguém para apreciar sua *performance*. Até mesmo o altruísta requer um oponente – como muitas das coisas que valem a pena na vida. Vivendo sozinha você pode – na intimidade de suas próprias paredes – fazer tudo do jeito que aprecia. O truque é organizar sua vida de maneira a realmente gostar dela.

Isso pode parecer difícil no começo – em especial se a mudança não estava, absoluta, em seu pensamento. Um grande número de pessoas começa a tomar esse tipo de providência depois de um óbito, um divórcio ou alguma reorganização de relacionamentos que mais parece uma catástrofe. Elas estão, com certeza, tomadas de piedade por si mesmas, um pouco esperançosas de uma atenção simpática e propensas demais a se zangar. Isso é absolutamente humano. Todo mundo sente, de vez em quando, pena de si mesmo (não mencionando aqui, evidentemente, os homens). No entanto, qualquer pessoa que experimente esse sentimento por mais de um mês ininterruptamente se torna uma irmã frágil e é muito provável que acabe se transformando, ainda, em um incômodo público.

Naturalmente, com você não precisa ser assim – se souber enfrentar alguns fatos. O primeiro deles, grosso modo, consiste em que uma mulher sobrando representa um problema. Mesmo sendo daquelas tão sedutoras quanto Peggy Joyce[15] (cujas ocasiões como mulher sozinha são breves, mas podem ser freqüentes). Mulheres sozinhas significam despesas a mais, jantares extras a dois, adversários de sobra no *bridge* e, muito freqüentemente, solidariedade demais.

Isso talvez lhe cause um choque. Talvez porque sempre tenha julgado ser a bela do pedaço. Ou talvez você soubesse que não o era, mas pensara ter alguns amigos e parentes leais. E provavelmente os tem – mas mesmo eles, às vezes, terão dúvida sobre o que fazer com você.

A idéia é fazer algo por você mesma – e fazer logo. Porém, para funcionar bem, precisará de pelo menos duas coisas: um quadro mental de si mesma como uma pessoa alegre e independente e coragem suficiente para torná-lo bem claro para qualquer outra pessoa.

---

15. Peggy Joyce casou-se e divorciou-se inúmeras vezes; considerada mulher de tão grande poder de sedução e beleza que causou desenlaces fatais entre os que se apaixonavam por ela. Uma de suas conquistas foi Charles Chaplin. (N. da T.)

Solitário refinamento

Conhecemos, por exemplo, uma mulher de negócios que há quarenta anos teria sido descrita como uma solteirona e que, durante férias, fins de semana e eventuais noites, ao longo de seus vinte anos de escritório, organizou-se para caçar na Escócia, banhar-se no Juan-les-Pins,[16] atravessar os Andes, ver as corridas em Saratoga,[17] assistir à maioria das melhores peças em Nova York e, ainda, preservar sua imagem. "Eu sou naturalmente preguiçosa", ela costuma dizer, "mas busco alguma coisa por toda parte, porque não pretendo ser uma *tia solteirona*. Não quero que meus irmãos e irmãs casados, minhas sobrinhas e sobrinhos sintam-se em relação a mim da mesma maneira que eu me sentia em relação à irmã solteira de meu pai. Quando eu era jovem, nós não podíamos sair para uma corrida de carrinho de bebê sem nos perguntarmos se deveríamos parar e buscar tia Maria – ela saía tão raramente. Bem, eu pretendo sair tão freqüentemente quanto qualquer um em minha família, até mesmo um pouco mais freqüentemente. E, além disso, pretendo ir ainda um pouquinho mais longe".

---

16. Estação balneária nos Alpes marítimos. (N. da T.)

17. Corrida de cavalos considerada a competição esportiva mais antiga dos EUA – iniciou-se em 1863. (N. da T.)

Não sabemos exatamente até onde ela foi, mas nunca ouvimos referências a essa mulher como uma senhora solteirona.

Há um elemento de desafio nessa atitude, mas, quando você começa a viver sozinha, desafio não é uma má qualidade para se ter à mão. Haverá mesmo momentos em que precisará dela, especialmente se você no passado foi muito mimada. Contudo você logo vai descobrir que independência, mais de fato que uma virtude, é sua própria recompensa. Isso lhe trará um sentimento magnífico. Ser capaz de manter-se em suas próprias pernas é extraordinariamente excitante, e ainda se mostrar capaz de fazê-lo muito bem (quando necessário) sem amigos, parentes e namorados, sem mencionar os inimigos, faz você sentir-se surpreendentemente benevolente em relação a todos eles.

Considerando-se tudo isso verdade, retornamos à necessidade de um plano e da técnica para executá-lo – que esperamos apresentar nas páginas seguintes.

SITUAÇÕES

Situação n. 1: Srta. S. – A senhorita S. é hoje uma cinqüentona desimpedida, que vive do próprio salário como professora em uma escola pú-

Solitário refinamento

blica em Nova York; porém há trinta anos ela era a filha mimada de um diretor de banco em uma pequena cidade do Maine. Quando o pai faleceu, deixando escândalo em lugar de dinheiro, havia uma certa indignação por toda a Baía de Penobscot, mas a srta. S. simplesmente prendeu o cabelo para trás, colocou seu chapéu de marinheiro e partiu para Nova York, onde, antes que os vizinhos terminassem de dizer: "Pobre S.", ela já estava empregada.

Essa senhorita ainda exerce seu trabalho, porém não tem de si mesma a imagem de uma professora solteirona. Você também não teria se a encontrasse. Ela tem sido uma pioneira em tudo o que se relaciona à igualdade dos sexos, do uso de bermudas aos piquetes pelo direito ao voto, e viveu tudo isso de uma forma maravilhosa. E ainda continua assim, uma vez que hoje, como algo normal, praticamente qualquer coisa poderia ser reformada por pessoas da natureza da senhorita S.

Anos atrás ela encontrou um apartamento com três amplas salas de pé-direito alto, ligadas por um comprido *hall*, em uma região fora de moda e inapropriada, com aluguéis baratos. Ela instalou-se nesse apartamento, bem como a seu bom e velho mobiliário de mogno, e vive ali, não lamentando sua solidão, mas congratulando a si mesma por sua independência.

Na verdade, ela não é solitária. Além de coragem, humor e inteligência, possui inúmeras amigas mulheres, que fumam e discutem problemas mundiais ao redor da lareira no inverno e a acompanham durante o verão em passeios no seu automóvel Ford de segunda mão. Elas não a visitam nas noites de domingo e de quinta-feira, quando a senhorita S. tem um compromisso permanente com um professor míope, cuja esposa vive num sanatório e cujos livros de matemática são bastante conhecidos em círculos acadêmicos (e em nenhum lugar mais); ele considera a senhorita S. uma mulher bonita.

Apesar de viver com os rendimentos de uma das mais mal pagas profissões do mundo, ela já esteve por três vezes na Europa e uma vez no México, e há três anos pagou o tratamento de um aluno tuberculoso. Ela lamenta muito pelas amigas em Maine, cujas vidas são limitadas aos maridos e a passeios a Portland.

Situação n. 2: Srta. H. – A senhorita H., de Wilmington, é tão rica quanto um contrabandista de bebidas alcoólicas[18] e ainda muito estilosa; e isso é tudo que temos para dizer a seu favor. Seu pai deu-lhe dinheiro e sua mãe a encaminhou para as melhores firmas de confecção de roupas, mas ninguém jamais se ocupou de sua coragem ou seu caráter.

Como órfã, a senhorita H., lânguida e elegante, vive em um asfixiante e majestoso esplendor, aguardando que Alguma Coisa Aconteça. O que ela espera é um marido, mas o que realmente costuma acontecer, na melhor das hipóteses, são festas oferecidas pelo tipo tedioso que caracteriza as pessoas parasitas.

Seria desejável que a senhorita S., ou a senhora C., pudesse ter um pouco de todo seu dinheiro. A senhorita S. poderia perseguir uma Causa, enquanto a senhora C. poderia fazer-se admirada em Cook County, e qualquer iniciativa seria melhor do que a apática espera da senhorita H.

SITUAÇÃO N. 3: Sra. C. – A senhora C. foi criada em uma pequena cidade em Illinois, e viveu em Chicago ao longo dos dez anos de sua vida de casada, absorvendo sofisticação como uma esponja. Quando seu marido morreu, ela pesou as vantagens de ir

---

18. Refere-se a contrabandistas que ficaram ricos nos EUA durante o vigor da Lei Seca (1919-1933). Consistia a lei na proibição absoluta de consumo ou qualquer outra operação (importação, exportação) envolvendo bebidas alcoólicas. (N. da T.)

viver em um lugar ou outro como viúva e percebeu que sua escolha seria entre divertimentos em sua cidade natal ou obrigações em Chicago. Conhecendo a si mesma melhor do que muitas de nós, ela cedeu à tentação e voltou em trajes de luto, polida e esbelta, para sua cidade natal.

Existem aqueles que julgam que a senhora C. nem sempre distingue entre ser e aparentar. (Bem que gostaríamos de que eles nos esclarecessem a diferença.) Não importa o que a senhora C. faça, ela o faz com prazer. Sua casa branca é tão parecida quanto possível com uma casa que ela vira no cinema, com persianas amarelo-limão do lado de fora e piso vermelho chinês por dentro. (O pintor tinha ouvido falar que a senhora C. era só um pouquinho louca.) Ela jamais serve sorvete em suas festas e, nas proximidades de Rockford,[19] é a única anfitriã que usa vestido apropriado.

A maioria da cidade vive mais intrigada do que irritada com a senhora C., acreditando que ela não os despreza de verdade, mas que apenas vive como lhe agrada viver. Quando chegam os convidados,

---

19. A autora refere-se a Rockford como uma cidade grande em relação à cidade onde vivia a senhora C. É a única cidade, portanto, onde se poderia encontrar trajes tão adequados a uma anfitriã. (N. da T.)

eles são conduzidos a apreciar a vista da colina fora da cidade, a fábrica de leite Borden[20] e a própria senhora C. Seu vestido de noite em algodão, uma fita prateada na cabeça, cachos ao estilo da Era Vitoriana, os tapetes brancos, a cama sem pés e menus atípicos fornecem mais assunto do que os jornais diários. Ela já se tornou uma personalidade e algum dia desses se tornará uma lenda. Considerando-se que a senhora C. ama popularidade e adora fama, e que em Chicago teria pouco de uma e outra coisa, podemos saudá-la como uma mulher que sabia o que queria e atingiu seu intento.

---

20. Borden foi o criador do leite condensado. A fábrica, naturalmente, adotou o nome do fabricante.

Capítulo 2

Quem você acredita ser?

Provavelmente você já notou, em suas relações particulares, que a mulher que julga ser uma duquesa pode seguramente causar muitas gargalhadas, mas é muito comum que, na maior parte das vezes, acabe sendo tratada como uma autêntica duquesa. Também é verdade que a mulher que espera orquídeas é aquela que as acaba recebendo, enquanto você e eu devemos nos contentar com uma única gardênia.

Solteira e Feliz

Com isso em mente, é possível deduzir por si mesma em quem você se transformará com um quadro mental do tipo "Pobrezinha de mim, completamente só nesse grande mundo mau!". Você não apenas não tardará a ficar de fato absolutamente sozinha, como também vai se tornar um excelente exemplo de uma mulher superenfadonha.

Se você tem o hábito de pensar a respeito de si mesma como uma viúva ou solteirona, isso também é algo para ser reprogramado o mais rápido possível. Ambas as palavras estão sendo rapidamente extintas – ou, pelo menos, relegadas a um outro tempo, assim como o foram a anquinha e a *reticule*.[21] Uma mulher é agora uma mulher, exatamente como um homem é um homem; ela é capaz de manter-se em suas próprias pernas, assim como ele (supostamente) é capaz de fazê-lo.

Não há muita utilidade, entretanto, em imaginar-se como Ina Claire,[22] interpretando Zenobia Frome,[23] ou como qualquer outra desolada persona-

---

21. Anquinha e *reticule* eram apetrechos usados pelas mulheres no século XIX. A primeira consistia de uma armação colocada nas ancas para dar mais volume aos longos vestidos, enquanto a segunda designa uma pequena bolsa de mão. (N. da T.)

22. Ina Claire (1893-1985), atriz norte-americana de elogiada carreira, atuou em filmes e peças teatrais. (N. da T.)

23. Personagem de um dos papéis interpretados pela atriz. (N. da T.)

gem de ficção. É uma boa idéia, em primeiro lugar, superar a imagem (se você a tem) de que sua situação em particular é um pouco pior do que qualquer outra. Esse ponto de vista vem sendo experimentado, uma vez ou outra, por todas as pessoas, exceto talvez por aquelas que o experimentarão no próximo ano.

Uma outra boa dica para qualquer pessoa sozinha consiste em não se sentir ferida quando Mary Jones não a convida para seu jantar festivo ou quando o primo Joe não faz uma visitinha para vê-la. Muito provavelmente não era conveniente a nenhum dos dois. Talvez Mary Jones realmente lhe deva mais convites do que a seus outros convidados. E é indubitavelmente certo de que o primo Joe está bastante preocupado com sua condição e seu progresso. Ninguém, é claro, pretendia ferir seus sentimentos. Todo mundo, atualmente, anda ocupado – ou julga que anda. E a verdade é que o ato de se estabelecer como uma mulher sozinha faz da mulher uma espécie de obrigação para os outros – o que, é melhor encararmos, contribui para diminuir um pouco sua atratividade.

Isso será uma surpresa para você se estiver entre aquelas que se mudaram para um apartamento de solteira com uma romântica imagem de si mesma como uma corajosa mulher – e esperava que todos também a vissem da mesma forma. Aliás, seus amigos (sem mencionar sua família) achariam muito mais simples se você conseguisse um marido em vez de desejar Viver Sua Própria Vida.

Essa atitude é seu próximo obstáculo. E a dica para ultrapassá-lo: nunca, nunca, *nunca* permitir a si mesma sentir que alguém deve fazer alguma coisa por você. Sempre que você se torna uma obrigação, torna-se, também, um aborrecimento. Mostre-se surpresa e encantada, se assim lhe agrada, com presentes, convites e outras atenções. Ou, melhor ainda, receba-os naturalmente; mas não deixe ninguém suspeitar se você sentir falta deles. É óbvio que seus amigos tencionam lhe dar atenção – o que geralmente fazem, mas não antes que você tenha dormido, chorando três ou quatro vezes, convicta de que sua cunhada abalou a afeição de seu irmão por você, e não antes que você tenha decidido que nunca mais voltaria a sentir realmente o mesmo em relação a seu melhor amigo.

Esses aborrecimentos serão consideravelmente abrandados se, de certa forma, puder prevê-los. Ajuda de maneira surpreendente saber que a mais popular das pessoas viveu experiências similares e que até a

Rainha de Sabá[24] ocasionalmente se sentiria desprezada se estivesse em seu lugar. Isso pode até evitar que se adquira um complexo ao ser negligenciada – um ponto de vista fatal, mas totalmente contornável.

A solução é, de fato, chegar lá primeiro. Convide o primo Joe para aparecer para um chá antes de estar absolutamente certa em sua própria mente de que ele a esteja desprezando. Convide o jovem que você encontrou em um jantar – e que dissera que ligaria para você – para dar uma passada em um coquetel, antes de saber se ele efetivamente esqueceu ou não de você. Ou, ainda melhor, preencha seu tempo com coisas tão interessantes a ponto de conseguir com que você se esqueça de ambos: primo Joe e o estúpido telefonema. Lembre-se de que não há nada mais danoso para a auto-estima quanto esperar um telefonema ou uma campainha que não toca.

Na verdade, você provavelmente terá de "superar" tanto a campainha quanto o telefone para conseguir se firmar como uma pessoa alegre, interessante e moderna. Qualquer pessoa é capaz disso se tiver suficiente determinação. Você não pode simplesmente se sentar em sua casa e esperar que

---

24. A lendária, rica e poderosa rainha que teria reinado no então imenso território da antiga Etiópia, provavelmente nascida em 1020 a. C. (N. da T.)

essas qualidades caiam da céu, no entanto pode adquiri-las concentrando-se seriamente em amigos, *hobbies,* festas, livros ou qualquer coisa mais que consiga prender seu interesse. Qualquer um deles – ou, mais acuradamente, qualquer meia dúzia deles – é suficiente para mantê-la como uma pessoa interessante. Contudo você precisa da variedade. Suas especialidades, ou *hobbies,* são todos bem-vindos (iremos falar bastante a esse respeito mais adiante), mas é importante ter em mente que elas não são suficientes. Toda mulher deveria ter um apanhado de praticamente cada área do conhecimento. A meia dúzia de coisas que você pode ter tempo para saber profundamente (desde que seja bastante ambiciosa) a entreterá e ampliará seus horizontes, tornando-a uma falante melhor, o que nunca a tornará uma companhia melhor, já que isso inclui ser uma boa ouvinte. Para saber ouvir, é preciso ter ao menos uma vaga idéia daquilo que seu acompanhante está falando (a menos que você seja extremamente hábil), pois é ao mesmo tempo maçante e irritante para uma outra pessoa precisar adaptar aquilo de que está falando ao que você é capaz de entender.

Quem você acredita ser?

A mesma necessidade de apresentar pelo menos um apanhado de conhecimento aplica-se às ocasiões em que você vai a festas, concertos, óperas, rádios, leituras, sermões, exibições de arte, cidades estrangeiras e quase tudo o mais em que se possa pensar, à exceção de filmes de cinema, que são geralmente muito simples (e precisam sê-lo). Mas, mais que isso, esse apanhado opera milagres em seu moral. Nenhuma mulher pode estar a par da maioria dos acontecimentos atuais sem a sensação de ser, afinal de contas, uma pessoa bastante inteligente – uma opinião que até a melhor de nós logo acaba transmitindo aos nossos amigos. (Com relação ao que os amigos pensam, o próximo capítulo tratará do assunto.)

Um último ponto sobre esse quadro mental de si mesma: você não irá longe caso não se assemelhe pelo menos levemente a ele. É preciso ser um verdadeiro gênio para conseguir impressionar com calcanhares em ruínas e um chapéu inadequado. Você precisa de boas roupas e boa aparência – a menos que, é claro, tenha de si mesma uma idéia desprezível; nesse caso, não nos importa se vai ou não longe. Nossa sugestão é um pequeno mimo – que caiba em seu planejamento e orçamento, naturalmente; e temos observado que *não* são as mulheres com mais planejamento e largos orçamentos as que conseguem uma melhor aparência.

Não estamos debatendo o tema do vestuário. Não há nenhuma razão para considerar que uma mulher que vive sozinha deveria ter aparência diferente da que vive outra condição, e toda razão para considerar que ela não deveria. Porém alguns trajes impecáveis para sair são realmente necessários – surpreendentemente, eles podem custar tão pouco quanto outros pouco elegantes; e, para ser sincera, não há moral que possa suplantar um traje em que tudo está errado. Tenha alguns trajes de noite de *bom gosto* e – em especial – ao menos uma bela roupa para vestir quando estiver sozinha (ou quando não estiver, se preferir).

Procure escolher cosméticos de forma crítica. Nenhum creme antigo, mas os adequados. O penteado e, também, o esmalte de unhas apropriado, bem como todos os outros truques de beleza capazes de fazê-la sentir-se elegante. Eis o tipo de mimo que satisfaz.

Há ainda outros bons artifícios: uma taça de vinho e um jantar especial servido numa noite em que você está cansada e sozinha; sais na banheira e fragrâncias perfumadas em seguida; um novo e picante livro para ler na cama durante a noite toda; um belo roupão de algodão que lhe caia bem numa manhã excepcional em que você decida permanecer radicalmente caseira. A idéia de que "não faz diferença porque ninguém vai vê-la" com uma insípita refeição nem com as deprimentes roupas que usa ao acordar tem causado mais danos do que todas as enchentes da primavera.

SITUAÇÕES

SITUAÇÃO N. 4: Sra. R. – Há vinte anos a senhora R. era uma jovem tola, que vivia em uma pequena cidade do sul e lia ocultamente publicações de moda. Depois que sua família se recolhia para uma bem-merecida noite de repouso, ela podia ser vista folheando páginas de uma revista em uma mão, enquanto a outra segurava o cortinado de sua *chaise long* em torno de si, descobrindo apenas a fotografia da página. No momento apropriado, ela não apenas decidiu ser elegante, mas exatamente que tipo de mulher elegante queria se tornar.

Atualmente ela é uma estilista bem-conceituada em uma das revistas que, em outros tempos, levava às escondidas para uma velha fazenda da família (propriedade que, lamentamos dizer, raramente visita). Ela está com 35 anos e já soma três divórcios. Tem a aparência de Elizabeth Arden;[25] suas feições quase feias são maquiadas segundo as últimas tendências da moda, seu cabelo é enrolado em um estilo adiantado uma semana em relação ao mais moderno penteado, e suas unhas são pintadas em um tom de escarlate com que você e eu estaremos circulando apenas na próxima estação.

Mas não pense que a sra. R. se tornou chique sem penar. Ela não tem tido uma refeição substancial desde que Coolidge[26] se fez presidente, e houve uma época em que ela não poderia acreditar ter no armário, ao mesmo tempo, dois trajes em estado digno de serem considerados perfeitos. Ela, no entanto, jamais cedeu em sua crença de que moda é mais do que comida e quantidade de roupa; mas, de qualquer modo, seu trabalho como estilista é seu ganha-pão, ou seja, sua garantia de subsistência.

Ela vive seu trabalho literalmente, transparecendo-o em cada detalhe da vida diária, do hábil advo-

---

25. Refere-se à canadense (1884-1966) que criou inúmeros produtos de cosmética, revolucionando, praticamente, o acesso das mulheres a eles. (N. da T.)

26. Calvin Coolidge (1872-1933) foi presidente dos Estados Unidos entre 1923 e 1929. Ficou conhecido pelo atributo de severidade nas finanças. (N. da T.)

gado que conseguiu seu "divórcio Reno"[27] ao quadro de Laurencin[28] que está sobre o console espelhado, em seu moderníssimo apartamento na Sutton Place. Ela gosta muito de roupas Schiaparelli,[29] mobiliário Frankl,[30] porcelana branca e homens elegantes, embora também ligeiramente afeminados.

Seus inimigos a chamam de durona, e talvez você não goste de seus amigos ou de seu meio de vida um pouco mais intenso que o nosso; entretanto, não conhecemos ninguém que tenha, com tanto sucesso, dado vida a um auto-retrato da forma como ela conseguiu. A moral da história, se existe uma, é que é uma boa idéia escolher o mais atrativo modelo daquilo que se quer ser antes de começar.

---

27. A expressão designa a cidade de Reno, no estado de Nevada, onde as leis concedem divórcio rápida e facilmente, atraindo, até mesmo, por essa razão muitos habitantes temporários. (N. da T.)

28. Marie Laurencin (1883-1956) era artista de origem francesa; sua pintura teve referência em movimentos de vanguarda do começo do século XX. Grande parte de sua arte focava-se na representação da mulher. (N. da T.)

29. Elsa Schiaparelli (1890-1973) foi uma estilista italiana que inovou em arrojos exóticos para o vestuário da mulher. Rival da arquifamosa Coco Chanel. (N. da T.)

30. Paul T. Frankl (1887-1958), artista europeu que se fixou nos Estados Unidos no princípio do século XX, inovando em *design* de mobiliário, integrava o estilo designado como *art decó*. (N. da T.)

Situação n. 5: Srta. J. – Esta é a triste história da senhorita J., uma jovem que vê a si mesma como uma mártir, sem nunca notar que, embora esse papel possa ser atraente para quem o interpreta, é terrivelmente tedioso para todos os demais.

Ela sempre fica com a pior parte de todas as coisas e o pior lugar no ônibus. Tente dar-lhe alguma coisa a mais! Ela vive absoluta e totalmente sozinha, o que é, de certo modo, terrivelmente patético no caso dela, ainda que muito agradável em outros casos. Ela tem uma paixão pelo passado e vive em um mausoléu da família, cercada por uma aura de virtude e relíquia dos dias em que sua mãe era viva. Parece viver em um luto crônico por todos os parentes que morreram em sua memória e, no sentido contrário, também vive um crônico ressentimento e menosprezo por todos aqueles que não morreram. Não culpamos os parentes, todavia gostaríamos muito de dar, à srta. J. e à sua casa, a dádiva de uma arejada completa e salutar.

Situação n. 6: Srta. A. – Ela foi criada por pais devotos, no Brooklyn; até os 30 tinha a convicção de que roupas elegantes eram coisa para as outras pessoas – e aparentava isso. Não tendo jamais sido encorajada a dedicar tempo, pensamento ou dinheiro a algo tão frívolo quanto a moda, jamais fora capaz de reconhecer um novo estilo senão depois de havê-lo visto por algumas semanas, quando ele já estava se transformando em velho estilo; e seu vestuário, casualmente adquirido, resumia-se a um casaco marrom, um chapéu preto e um vestido azul.

Aos 30 anos, entretanto, a srta. A. conseguiu uma posição em Cleveland, e sua superior imediata era uma dama que entendia de moda. Ficou logo evidente para ela que era preciso procurar adaptar-se nesse sentido se desejava continuar sob sua graça. Ela, então, empenhou seu potencial, que se mostrou excelente, em estudar como ser chique com um pequeno salário, conseguindo resultados surpreendentes.

Isso foi há cinco anos, quando a srta. A. ainda não era a sra. Harrison Williams; e encontrando-a em um restaurante, por exemplo, você acabaria querendo observá-la mais de uma vez, por ela mostrar-se uma mulher extraordinariamente bem trajada. Suas roupas são exatamente aquelas que as mulheres elegantes têm comprado hoje, não as que usavam no mês passado. Não apenas seu chapéu, casaco e vestido combinam – ou se destacam de forma a emprestar um charme extra ao seu traje –, mas isso se aplica também a todos os seus acessórios, sapatos e bolsa. Mais incrível ainda é que o gasto anual que ela despende com roupas não é maior do que seria se ela comprasse no Brooklin. Tendo realmente se informado bem sobre o que é apropriado ou não, e sobre como planejar e compor um vestuário, a srta. A. possui agora uma coleção de roupas mais ou menos permanente – trajes sob medida que são bons para as diferentes estações; um sobretudo e um agasalho de noite que ela pode vestir por numerosos anos; roupas *country*, suéteres, sapatos esportivos e coisas similares que nunca envelhecem. Ela tem ainda um esquema básico de cores, de forma que seus acessórios são intercambiáveis.

A opinião da srta. A. a respeito de si mesma melhorou tanto quanto sua aparência.

Capítulo 3

Quando uma mulher precisa de um amigo

Conforme já sugerimos, um dos grandes segredos para viver sozinha com sucesso consiste em não viver sozinha muito constantemente. Um círculo razoável de amigos e inimigos que você possa ver quando quiser e que vá freqüentemente vê-la quando não quiser é um importante bem. Um bem que qualquer pessoa pode adquirir, mas que exige um certo esforço.

Talvez você já os tenha – mas espere só até estar estabelecida em um apartamento pequeno, e veja o quão rapidamente eles vão desaparecer, a menos que você faça aquilo que é conhecido como Cultivar seus Contatos.

Esse cuidado requer muito mais planejamento em um pequeno local do que em um grande. Nas famílias maiores, alguém está sempre convidando mais alguém para uma refeição, e festas ocorrem de forma espontânea. Além disso, você está sujeita a ser incluída em listas de convidados de outros membros de sua família – o que torna a vida alegre e relativamente leve.

No entanto em sua solidão doméstica festas não vão ocorrer sem que você as planeje, e não haverá muitos convidados, a não ser que você os convide. Além do mais, você também não será convidada se por seu lado não convidar. E nem poderia mesmo ser diferente.

A mulher mais popular no mundo poderia ser convidada à casa da senhora Smith duas vezes – ou eventualmente três – sem que houvesse um outro convite de volta. No entanto, a menos que ela faça alguma coisa em favor da sra. Smith, seguramente não será convidada uma quarta vez. Se fosse, não iria. A noção antiquada de que mulheres solteiras são objeto de caridade social foi destruída após a eclosão da guerra.

Não basta convidar a sra. Smith, é preciso proporcionar a ela – para não dizer nada a respeito do senhor Smith – um bom entretenimento durante o tempo da sua presença.

Contudo isso é realmente algo simples. As melhores festas (não estamos nos referindo aos bailes do Beaux Arts[31] ou a maratonas de licor, mas a festas de quatro ou talvez oito pessoas) não são cheias de truques. Elas consistem principalmente da harmonia entre os convidados e a alimentação, e também de bebidas bem preparadas.

Não julgue que sua casa seja simples demais para isso. Você pode compensar qualquer embaraço que possa sentir nesse sentido com entretenimento, primeiro convidando quem se encontra em situação semelhante à sua – ou até mesmo em situação pior. Preferencialmente pior. Talvez você *não* more em um apartamento de oito cômodos, com uma espaçosa e formosa sala de jantar com duas criadas para servir. Um apartamento de quatro cômodos, com

---

31. O nome, de origem francesa, que designa em geral as artes plásticas, foi adotado para locais onde ocorrem representações artísticas, incluindo música e teatro. (N. da T.)

uma sala desempenhando a dupla função de sala de estar e de jantar e a presença de uma empregada, pode ser tão chique quanto o maior apartamento – desde que você saiba fazê-lo chique. Ou talvez seu apartamento não seja de quatro cômodos, mas de dois cômodos. Muita mulher esperta torna-se uma adorável anfitriã com uma mesa de refeição adaptada à janela de sua sala e uma empregada que aparece apenas quando há convidados. Talvez, ainda, você viva em um apartamento de um cômodo, e sua cozinha não passe de um nicho na parede. Mas mesmo vivendo num quarto de solteira, sem nem mesmo uma cozinha à disposição, é possível se sentir como uma grande dama no momento em que estiver recebendo uma dama. Na verdade, com inventividade e com as comidas prontas que existem hoje por aí, é possível oferecer a ela um jantar digno da Park Avenue.[32]

A questão é conseguir que ela e suas irmãs (sem nem mencionar os irmãos) venham e gostem disso. Individualmente, se assim for mais fácil, mas com freqüência. Ela terá de lhe convidar, de volta. E então, com uma pequena persistência, inicia-se uma

---

[32]. Região de sofisticação em Nova York. (N. da T.)

série de atividades que pode levar a qualquer coisa, mas que certamente porá um fim à solidão.

Naturalmente, o essencial não são as festas, mas, sim, o companheirismo. Toda mulher precisa ter amigas que a visitem para um chá, um café ou um jantar, e que, por seu lado, a convidem para visitá-las. Precisa de amigas com as quais possa viajar, expor seus entusiasmos e aborrecimentos, exibir novas roupas e velhos namorados.

Se você mora no mesmo local há muito tempo, certamente já tem um círculo de amigos – ou convém tê-los. Em primeiro lugar, se sua condição de solidão é recente, não espere encontrar tantos casais quanto costumava encontrar antes. E não fique tão magoada diante da nova situação a ponto de estragar a festa quando eles incluem você. Lembre-se, de qualquer forma, de que você representa uma série de aborrecimentos para eles. E muito provavelmente não gostaria de "segurar vela" – ou desempenhar qualquer outra função que perturbasse o jogo de cartas, a mesa de jantar, as conversas íntimas ou as danças. Acima de tudo, não se torne uma daquelas mulheres enervantes, que aparecem em festas de parentes com a expectativa de se inserir em um jogo, enquanto os convidados ficam sentados só olhando.

É uma boa idéia colecionar Números Ímpares como você, à maneira como o senhor Frick[33] colecionava pinturas. Você pode, com algum esforço, desenvolver um bom círculo social, misturando seus amigos de forma inteligente e mostrando um pouco de perspicácia a respeito de quando e para que convidá-los. Inclua tão poucos parentes quanto possível em um grupo, considerando o princípio de que é infinitamente melhor para uma mulher sozinha ofender seus parentes por não os convidar com suficiente freqüência do que enfadar seus amigos convidando-os muito freqüentemente. Em outras palavras, é melhor ser uma esnobe do que uma freqüentadora habitual.

Se você chegou recentemente em uma nova cidade, suas dificuldades podem ser imensas, mas de modo algum desesperadoras. E isso é verdade sobretudo se seus contatos estão restritos a balconistas em uma loja de departamentos. Se você não tem nenhum contato, ponha uma roupa adequada, saia e comece a fazê-los. Provavelmente você tem um primo distante para procurar ou algumas pou-

---

33. Henry Clay Frick foi o magnata norte-americano cujo acervo de obras de arte deu origem à galeria Frick Collection, em Nova York. A comparação refere-se, possivelmente, ao fato de o colecionador adquirir as obras-primas de cada pintor. (N da T.)

cas cartas para apresentar. Caso contrário, há sempre organizações de mulheres de negócios, aulas de dança, cursos de literatura, clubes políticos, igrejas, ACF,[34] grupos de poesia, aulas de carteado, círculos musicais, aulas de equitação, cursos de extensão universitária e muito mais. Seja o que for: uma comunista, uma colecionadora de selos ou uma feminista engajada, se precisar, mas, pelo amor de Deus, seja alguma coisa!

Quando você é alguma coisa, acaba fazendo algo a respeito. Escolha de forma sensata sua vítima e a ataque. Esse processo pode ser chamado de "meio caminho andado" e quase sempre significa dois terços ou mais do caminho percorrido. (Não significa, entretanto, ir longe demais.)

Um bom começo consiste em descobrir o que a outra pessoa gosta de fazer. Você, então, anuncia sutilmente que também gosta daquilo e, depois de alguma discussão sobre o assunto, finalmente propõe: "Vamos fazer isso juntas".

Jogos estão entre os melhores argumentos já inventados para uma reunião. Tênis, golfe, carteado,

---

34. Sigla mais conhecida no Brasil como ACM (Associação Cristã de Moços), porém, com o correlato feminino da *Young Women's Christian Association* americana, designado como ACF (Associação Cristã Feminina). (N. da T.)

gamão. Você poderia aperfeiçoar seu *croquet*[35] ou tomar lições com o sr. Woollcott. Faz pouca diferença aquilo que você joga, mas, em todo caso, é uma boa idéia jogá-lo realmente bem. Se você se encontra abandonado em uma ilha em Woodbine, Iowa, e o jogo favorito lá é Parchesi,[36] não hesite em dar uma séria atenção a esse jogo. Pode haver apenas uma pequena quantidade de jogos para você se iniciar em termos comparativos, mas há inumeráveis bons jogos, e certa habilidade para entreter-se com eles é garantia contra o tédio.

Comida é, naturalmente, o Grande Elo. Embora apenas uma festa extraordinária consiga sobreviver a uma refeição sem graça, é certo que as pessoas se mantêm quase sempre cordiais se você as alimenta suficientemente – suficientemente não no sentido de quantidade, mas de qualidade, conforme o padrão dos convidados. É provável que não haja nenhum campo de ação com maior extensão entre provincianismo e sofisticação do que aquele da mesa de jantar. Você pode ser tão divertida servindo caviar

---

35. Jogo muito conhecido no princípio do século XX, feito com bolas de madeira. (N. da T.)

36. Uma variação do jogo de gamão bastante apreciada na Índia. (N. da T.)

em espetos quanto servindo *candlestick salad*[37] na Park Avenue. Mas, junto com uma refeição realmente deliciosa e bem planejada (da qual falaremos em um próximo capítulo), amizades podem florescer como dentes-de-leão, considerando que a reputação de uma boa cozinha é um passo quase certo rumo à popularidade.

Fazer um curso de culinária pode ser mais significativo do que um curso de conversação, visto que a perfeita anfitriã é, apesar de tudo, não tanto aquela apta a falar quanto aquela capaz de conduzir seus convidados a falarem. E uma boa cozinha não significa necessariamente uma cozinha muito elaborada, até nos mais sofisticados círculos – o que dizer de Lady Mendl[38] servindo carne moída com batata para a nobreza, ovos mexidos e lingüiças, sendo os pratos favoritos em modernas festas de debutantes! Igual a muitas outras coisas, tudo é questão de estar bem informada.

Deixaremos, contudo, o ponto crucial da questão para o fim, sentindo que se trata de matéria delica-

---

37. Receita feita com alface e frutas, montada de modo que imite a forma de um castiçal. (N. da T.)

38. Seu nome de solteira era Elsie de Wolfe (1865-1950); é considerada formalmente a primeira decoradora de interiores. Muito conhecida nos círculos de elegância tanto dos EUA quanto da Europa.(N. da T.)

da. A verdade é que, se você for uma pessoa interessante, terá abundância de amigos; do contrário, não será assim, a menos que seja muito, mas muito rica mesmo. Felizmente, o primeiro caso é bem mais fácil de realizar, e esperamos lhe dizer como fazer isso em um próximo capítulo.

SITUAÇÕES

Situação n. 7: Srta. MacD. – Tanto a senhorita MacD. quanto seu salário como taquígrafa são pequenos e, além disso, ela é uma jovem tímida de 22 ou 23 anos. Por vários anos ela morou em uma inexpressiva pensão em Detroit, entrando e saindo despercebida, e cada vez mais convencida de que a vida era algo muito solitário. Depois, por meio de uma série de coincidências, descobriu que muitas jovens na firma onde trabalhava recebiam ainda menos do que ela, e que o lazer dessas moças, portanto, estava totalmente comprometido.

Isso animou bastante a srta. MacD., da mesma forma que animaria você. Imediatamente, ela começou a sentir pena das outras e, a partir daí, tornou-se uma nova mulher. Em pouco tempo, encontrou para si um apartamento de um cômodo com uma agradável vista de um quintal vizinho, trouxe alguma mobília própria e equipou sua cozinha elegantemente em lojas de liquidação. Ela então percebeu que tinha certo talento para fazer pratos como ovos com *curry* e saladas, e começou a convidar para jantar todos aqueles que não poderiam lhe causar algum complexo de inferioridade.

O apartamento da srta. MacD. agora é o local de reunião do clã, e ela tenta entender como alguma vez pôde julgar Detroit um lugar solitário. Vai a cinemas, a clubes de boliche em uma dependência da igreja e a bailes. Suas noites livres são em um número ideal para seu agrado.

Situação n. 8: Sra. P. – Trata-se de uma típica inglesa, com muito pouco dinheiro para si, em um país não familiar e na idade de 38 anos. Ela é dona, porém, de um enorme potencial de bom senso e alegria; muniu-se desses bens e passou a construir ela mesma sua nova vida.

Depois de conseguir um trabalho, seu segundo passo foi encontrar o caminho certo no sentido de fazer amigos para, em seguida, estabelecer um ambiente que pudesse atraí-los. Para isso, é claro, foi preciso passar por várias fases, mas finalmente a sra. P. adquiriu uma casa que espera que seja a definitiva. O custo foi um fator decisivo, visto que a casa fica a uma relativa distância da cidade e lhe trouxe um longo percurso diário; porém ela aprendeu que é preciso pagar por tudo nesse mundo e terminou por concluir que seu arranjo atual vale o preço.

A casa, no início pouco original, havia ganhado dois acréscimos. Trata-se de uma *clapboard building*,[39] sobre um pedaço de terra que avança para o interior de Long Island Sound.[40] Possui uma varanda, um jardim, um embarcadouro e, assim equipada e com uma pequena despesa adicional, a sra. P. criou um espaço em que praticamente todo mundo se sente deleitado quando vem visitá-la – seja para um mergulho, para um banho de sol, para um chá, seja para nada em especial. Essa combinação vantajosa, acrescentada ao seu próprio charme e ao seu atraente estilo de vida, permitiu-lhe escolher a dedo, até agora, um largo e interessante círculo de amigos, que torna os invernos da anfitriã tão deliciosos quanto ela torna deliciosos os verões e finais de semana deles.

---

39. Casa estilo colonial americana, com ripas de madeira sobrepostas e pintadas de branco. (N. da T.)

40. Estuário no Oceano Atlântico onde desembocam diversos rios; separa Connecticut e Nova York. (N. da T.)

Situação n. 9: Srta. L. – Ela é filha de uma celebridade e, durante os primeiros dezoito anos de sua vida, era muito procurada, por causa de sua íntima proximidade com a fama. Seu pai, infelizmente, já está morto há vários anos, mas ela ainda não percebeu a brevidade da popularidade e continua a viver sob a impressão de que as pessoas fazem de tudo para encontrá-la. Aceita convites com uma condescendência magnificente e, uma vez na festa, aguarda ansiosamente por um ataque de atenção, que, entretanto, não costuma acontecer. E sempre se convence de que isso ocorre porque as pessoas não atentaram para o nome dela e jamais acreditaria em você se lhe dissesse que a geração mais nova nunca sequer ouviu falar de seu pai.

Ela não percebe a necessidade de retribuir os convites. Já não estaria ela honrando suficientemente as festas com sua simples presença?

Entretanto, fartos da presença da srta. L., muito brevemente ela já não terá mais nenhum convite para honrar com sua presença.

Situação n. 10: Srta. N. – É uma senhora rosada e rechonchuda, com idéias tão largas quanto a própria fronte. Ela veio do Alabama para Nova York decidida a conquistar e perseguir, com igual determinação, o sucesso e os homens que encontrasse. Seu progresso, adquirido em espaços abertos, a tem levado da pobreza a uma comparável prosperidade, mas ainda não a capacitou a conseguir nenhum dos cavalheiros. O salário da srta. N. seria agora suficientemente alto para ela poder levar uma vida divertida, mas desde que conseguisse se livrar de sua irrealizada ambição. Já há algum tempo admitiu ter seus 40 anos, mas na verdade continua rosada, rechonchuda e linda. As pessoas gostam dela até que o brilho de caçadora assome em seu olhar, projetando nos amigos homens o alerta de perigo. Ela costuma dar excelentes festas – ainda que raramente as aproveite, uma vez que elas falham em produzir os resultados esperados. Possui um apartamento confortável, onde pode servir um jantar e criar coquetéis melhor do que eu ou você. Também vai a peças e concertos e freqüenta outras pessoas nos finais de semana – na verdade, ela tem mais atividades do que muitas boas esposas.

Todavia, cada vez mais, um pensamento horrível invade a mente da srta. N., estragando qualquer festa. Talvez lhe ocorra que será para sempre a srta. N.

Bem, mas e o que aconteceria se fosse realmente assim, srta. N.? Pode bem ser que, no Alabama, permanecer solteira seja considerado um sofrimento, mas em Nova York isso é, para a maioria, um desgosto muito menor.

Capítulo 4

Etiqueta para uma mulher sozinha

Pergunta: Quando uma mulher oferece um jantar em sua casa ou apartamento, e leva os convidados para uma peça, é correto que ela pague a corrida de ida e a de volta do táxi ao teatro?

Resposta: de acordo com os livros de etiqueta, sim, é correto. Mas de fato não. Os homens convidados sempre pagam. Você poderia esboçar uma intenção nesse sentido, porém eles saberão que você sabe que eles vão se antecipar à sua iniciativa, então não vale a pena dar muita importância a isso.

Pergunta: Até que horas é conveniente para uma mulher sozinha permanecer com um amigo homem, e como ela pode induzi-lo a partir na hora adequada?

Resposta: A hora adequada depende da pessoa e também da hora da chegada. Às 22h45 poderia ser escandaloso para sua tia Hattie, enquanto 3h30 da madrugada seria desconcertantemente cedo para a garota do andar de baixo. Em qualquer dos casos, o horário da chegada do homem seria um fator a considerar. Nenhuma visita deveria se transformar num teste de resistência, e quatro ou cinco horas consagradas a ser uma perfeita ouvinte fariam qualquer anfitriã se sentir como uma segunda colocada numa corrida de bicicleta de nove dias.

Até onde a decência permite, um homem poderia vir para jantar e permanecer o suficiente para apanhar o leite da manhã seguinte,[41] sem ofender ninguém. (O que, admitimos, é improvável.) Ou talvez o melhor momento para ele ir embora fosse após o primeiro uísque com soda.

---

41. Referência ao costume da primeira metade do século de apanhar o leite que era deixado pela manhã na porta das casas. (N. da T.)

Etiqueta para uma mulher sozinha

A forma usada para se livrar dele depende inteiramente da sua natureza. Entretanto, antes de fazer o ataque, é uma boa idéia decidir se você quer que ele vá para sempre ou simplesmente naquele momento. No primeiro caso, é fácil. Simplesmente diga isso a ele, em bom e claro português (isso às vezes funciona também para o segundo caso, mas você vai precisar assegurar-se de que ele voltará).

Se você deseja que ele retorne em breve, ter um pouco de tato é normalmente sensato. Você pode começar assim: "Deixe-me pegar um copo de água para você (nada mais forte) – já é tempo depois daquele *highball*".[42] Isso vai levantar a ambos e dar a você certa vantagem. Você pode manter-se em pé, o que finalmente esgota qualquer homem (se você não desistir primeiro).

Você ainda corre o risco de precisar chamar o elevador ou abrir a janela e pedir socorro. Pode ocorrer, mas não tenha muitas esperanças. Para isso, precisaria que você fosse realmente muito fascinante.

Pergunta: quando uma mulher recebe um casal e ainda um outro homem em sua casa para jantar, como ela deve designar o lugar na mesa para cada

---

42. Bebida (que pode ser uísque) de alto teor alcoólico; é servida geralmente com soda ou água e gelo. (N. da T.)

um deles? Pareceria natural colocar o homem desacompanhado em frente à anfitriã, mas isso não sugeriria que ele é o chefe da casa?

Resposta: Esse é um dos mais importantes detalhes de etiqueta, que está longe de ser suficientemente enfatizado. O que importa onde ele vai se sentar? Acomode-o de forma que ele e os outros convidados se sintam confortáveis e felizes. Uma vez que ele esteja acomodado, tenha certeza de que ele está num bom lugar, e então ninguém mais, de um jeito ou de outro, pensará sobre isso. Se você propuser desculpas, seus convidados vão certamente querer saber se sua escolha *foi* adequada ou não.

Agora, se você precisa de alguém que decida o assunto para você, sugerimos o seguinte: por que não colocar a outra mulher em frente a você e o homem menos íntimo à sua direita?

Pergunta: o que se espera, em relação a gorjetas, de uma mulher viajando sozinha para a Europa ou em um cruzeiro? Seria compreensível que ela recompensasse com uma gorjeta menor do que aquela oferecida por um homem, pelos participantes de uma festa ou mesmo por uma família?

Resposta: E por que seria diferente? Uma mulher viajando sozinha inspira tantos cuidados quanto qualquer outra pessoa. Usualmente, considera-se que ela é até mais preocupante, na medida em que espera por mais serviços. Entretanto, qualquer bom viajante espera por uma grande quantidade de serviços, sabendo que nada contribui mais para o conforto de uma viagem. Mas ela, tanto quanto ele, paga por isso.

Para o serviço comum de uma travessia à Europa, ou um cruzeiro de mesma duração, cada pessoa dá 5 dólares ao camareiro, à camareira e ao garçom, e 3 dólares àquele que se ocupa do convés. Algumas outras gorjetas são oferecidas por serviços especiais, no momento da prestação do serviço. É uma boa idéia recompensar o chefe dos garçons também antes da primeira refeição, e ter uma pequena conversa sobre onde e com quem é melhor você se sentar. Se você está pronto para uma viagem divertida (e por que não?), faça com que ele saiba disso com a gorjeta. Um gesto assim, às vezes, realiza maravilhas.

Pergunta: Você sugere um clube feminino como a melhor solução para uma mulher que deseja ocasionalmente receber amigos homens?

Resposta: Não aconselhamos. Isto é, não aconselhamos no caso de uma mulher que tenha a possibilidade de receber em sua casa. Você pode ter uma comida tão boa numa casa comum quanto teria em determinados clubes, mas os efeitos não são absolutamente comparáveis. Nada como um cenário doméstico para produzir resultados. O mais endurecido dos homens se sensibilizaria diante daquele toque caseiro e de um traje apropriado. Se, porém, você não puder compor o cenário, ou se não espera resultados, freqüente o clube sem dúvida nenhuma. De qualquer modo, ele pode livrá-la de muitos problemas.

Pergunta: É permitido a uma mulher muito jovem e sozinha, sem acompanhante, vestir roupas de dormir quando um cavalheiro a visita?

Etiqueta para uma mulher sozinha

Resposta: supondo-se que ela saiba distinguir um pijama de outro, é inteiramente permissível. Existem pijamas de dormir, de praia, de passar o tempo e pijamas para receber. Os dois primeiros não são adequados para vestir quando se recebe alguém, seja homem seja mulher. O último tipo é correto vestir ao receber visitas de namorados conservadores, ainda que ele pertença à velha escola e se assuste quando uma mulher fuma. A terceira variedade cai bem com todos os tipos de nuanças, daquele próprio para dormir àquele de anfitriã. Aqueles com um estilo tendente à cama são adequados somente a visitantes do sexo feminino, enquanto os outros não chocariam nem o bispo Manning.[43]

---

43. William Thomas Manning (1866-1949), bispo episcopal de Nova York, personalidade muito conhecida na época da autora pelo envolvimento em polêmicas envolvendo radicalismo moral e religioso. (N. da T.)

Capítulo 5

Seu lazer, caso tenha algum

TODA MULHER QUE VIVE sozinha tem um problema em suas horas de lazer, e isso não tem nada a ver com o fato de ela não ser nenhuma Greta Garbo.[44] Você poderia ter dois convites para jantar toda noite na semana e três propostas no domingo, e ainda assim continuaria com esse problema, no sentido de que nenhuma mulher pode aceitar um convite

---

44. Ícone do cinema americano (1905-1990). (N. da T.)

toda noite (isso para não dizer da proposta dos domingos) sem que fique estafada. Você tem de estar em casa parte do tempo, e ficar em casa sozinha é tão diferente de descansar com a leitura de um livro e um marido na poltrona em frente quanto um jogo solitário o é de um jogo de pôquer.

Ainda que você seja tão forte quanto um cavalo e uma exceção à regra, provavelmente passará muitos *breakfasts*, refeições, noites, domingos e férias distraindo a si mesma. E será que realmente tem sido bem-sucedida nisso?

Qualquer pessoa com um pouco de bom senso pode sê-lo. O primeiro preceito consiste em se manter apaixonada por diferentes interesses. Deve haver ao menos um milhão de possibilidades para a escolha – colecionar selos, informar-se sobre amantes famosas na história da França, escrever peças boas ou ruins, fazer bordados, aprender patinação. Você deveria ter ao menos uma atividade capaz de mantê-la ocupada em casa e outra capaz de tirá-la de casa. Tampouco basta alternar-se superficialmente entre as duas. Elas não serão realmente eficazes, a menos que você seja o tipo de entusiasta que ficará em casa ocupando-se da primeira a despeito de um grande convite, ou que saia e siga a segunda apesar do vento, do granizo e da chuva.

Não se preocupe ao reconhecer estar sendo um pouquinho chata em alguns de seu *hobbies*. Todo mundo é chato às vezes, pelo menos para alguns amigos. Os mais brilhantes cientistas não são divertidos para a maioria das mulheres, nem também as mais brilhantes mulheres sempre conseguem distrair os cientistas. E não é verdade que sua mente fica vagando mesmo quando seu mais fascinante namorado fala sobre apólices e títulos, enquanto você gostaria que falasse sobre você? Mas, ao alcançar o estágio de "versar e opinar sobre tudo", pelo menos você vai fascinar a si mesma, e também estará a caminho de se tornar uma autoridade no assunto. Isso pode mostrar-se produtivo, seja seu *hobby* treinar pulgas seja praticar yoga. Em geral, entretanto, é sinal de inteligência não ser estranha demais em sua escolha de entusiasmos. Algo como colecionar antiguidades ou cultivar gardênias vai atrair espíritos afins e também aqueles mais agradáveis.

O antigo é particularmente satisfatório, visto que serve tanto para a casa quanto para fora dela e movimenta seu senso de aventura até aqueles dias de grandes explorações. Um bom caminho para começar consiste em usar muitas horas de almoço numa semana, se você trabalha – várias tardes, se não trabalha –, visitando lojas e departamentos de antiguidades. É perfeitamente possível fazer da sondagem atenta uma arte, extraindo informações da vendedora sem gastar um tostão – o que não é assim tão censurável quanto parece; a partir daí, de vez em quando, o destino vai virar e pôr em seu caminho uma peça de vidro ou mogno sem a qual você já não conseguiria voltar para casa.

O conhecimento adquirido deve ser encorajado pelo dever de casa, o que chega a ser divertido, e eventualmente você vai conhecer o bastante para experimentar a emoção de sentir a vida toda destilada em depósitos de artigos de segunda mão e lojas de refugos em estranhas ruelas, objetos entulhados entre fragmentos de cristal lapidado e mobília quebrada, até deparar com um verdadeiro cristal Sandwich[45] ou com uma velha mesa de costura Duncan Phyfe,[46] que geralmente irão se revelar, no dia seguinte, como sendo apenas uma reprodução,

---

45. Fabricante tradicional de vidros norte-americana, originária da cidade homônima. (N. da T.)

46. O nome designa o estilo de mobiliário tradicional, também denominado estilo colonial americano, consistindo basicamente de uma adaptação do estilo inglês. (N. da T.)

mas, de qualquer maneira, você vai provar aquela palpitação – e, de vez em quando, terá mesmo a peça autêntica. Tudo isso conduz inevitavelmente à paixão por leilões, e por viajar pelo país, parando em cada loja com a placa: "Antiguidades". Isso também faz do ato de viajar por várias horas algo mais pleno de aventuras – sem mencionar o charme que acrescenta à sua casa, e a conversação que o assunto pode suscitar em seus jantares.

Os *hobbies* que seus amigos mais irão apreciar são: astrologia, numerologia, quiromancia, grafologia ou leitura do futuro pelas cartas (ou algo dessa natureza). Praticando qualquer um deles, vai precisar dar atenção exclusiva à outra pessoa, o que invariavelmente vai deixá-la fascinada. Qualquer um desses feitos, portanto, fará de você um trunfo em uma festa e vai capacitá-la a manter o interesse de um homem por pelo menos meia hora. Descobrindo características pouco comuns na palma de sua mão ou nos astros que o governam, será possível conseguir mais do que isso. Esse *hobby*, entretanto, vai entreter muito mais a seus amigos do que a você mesma.

Você poderia dedicar tempo a colecionar pequenos cães chineses, velhas garrafas, tabaqueiras, ou mesmo macacos. Colecionar qualquer coisa é quase sempre um *hobby* compensador. Ou você pode estudar grego, sapateado, genealogia, ou ainda fazer jóias. A idéia, tal como se pode perceber, consiste em ter algum *hobby*.

Ainda que um certo número de *hobbies* não preencha – ou não deva preencher – todo seu lazer, entretanto, e quando você está projetando o restante, é uma boa idéia dividir o tempo de maneira inteligente entre as horas gastas sozinha e aquelas gastas em entretenimento. Ambas deveriam ser empregadas com moderação, e porções equilibradas sempre são melhores. Isso nem sempre é fácil, uma vez que convites, quando aparecem, costumam vir aos montes. Felizmente, é possível conseguir adiar alguns deles. Isolamento costuma ser o resultado tanto de exaustão quanto de solidão – mas solidão demais acaba sendo igualmente negativa, ainda que explorada de forma excitante. Adote o hábito de planejar sua semana com antecedência, em vez de fazê-la sem previsão, julgando que alguma coisa interessante vai acontecer. Freqüentemente nada acontece, e torna-se tarde demais para conseguir a companhia de pessoas interessantes – que muito provavelmente fizeram seus planos antecipadamente. Além disso, compromissos agradáveis são divertidos de aguardar, e uma agenda cheia faz você se sentir uma pessoal mais que especial.

Essa agenda cheia subentende um certo número de amigos. Reconhecemos que estamos causando um pouquinho de cansaço com esse assunto, mas queremos incutir a idéia de quanto os amigos são importantes. Eremitas e outras pessoas auto-suficientes podem ser verdadeiros gênios (embora duvidemos disso) e contribuir enormemente para o conhecimento científico do mundo, contudo praticamente não contribuem em nada para seu entretenimento, e levam eles mesmos uma vida bastante enfadonha. A mente da maioria das pessoas é como um lago, que precisa constantemente de um fluxo refrescante de idéias em movimento para não estagnar. A forma mais simples para conseguir isso é trocando idéias, se houver alguma, com seus amigos e conhecidos, e adquirindo-as tanto quanto possível em livros, peças e colunas de jornais, repassando-as depois como se fossem suas. Qualquer um que consiga fazer isso de forma bem-feita é considerado um brilhante conversador. Ao passo que conseguir fazê-lo excepcionalmente bem é considerado um autêntico talento.

Mesmo que seu propósito seja apenas chegar à média padrão de uma pessoa considerada divertida, você precisará persistir. Todavia os requisitos não são difíceis – poucos momentos discriminados entre o tempo gasto com a leitura do jornal, a leitura integral de algumas revistas diversificadas, com pelo menos um bom livro por semana e razoável freqüência de "circulação por lugares" dariam resultado. Mas você deve manter a mente aberta sobre o que deve ler e sobre aonde ir. Autores favoritos e seu cinema predileto são sempre bons, com moderação, porém podem se tornar hábitos antigos se você não ficar alerta. É melhor ler alguns livros de que você não goste, mas que sejam aprovados por bons críticos, e ver algumas peças que você deteste, mas que estejam sendo comentadas por todos. Seguir a orientação de um bom crítico dramático e literário constitui um hábito recomendável, de qualquer forma isso irá manter você atualizada sobre o que é considerado censurável e irá impedir que gaste tempo com livros e peças que não valem a pena.

Se você é daquelas que dão um sorriso superior quando se fala em cursos de auto-aperfeiçoamento, seria recomendável fazer uma pequena auto-análise para mudar. Muitas pessoas com essa atitude poderiam fazê-los e experimentariam uma melhora considerável. Reconhecemos que poucos cursos poderiam convertê-la em uma outra pessoa da noite para o dia, ou transformá-la de Dama de honra em Noiva, ou capacitá-la para impressionar o *maître* com seu *savoir-faire* em um par de meses. No entanto podemos pensar mais em muitas maneiras piores de gastar seu tempo livre do que nos embrenhando nas positivas.

Há um curso em Nova York, por exemplo, para aprimoramento pessoal – e até hoje não encontramos ninguém que o tenha feito sem tirar dele algum benefício. A pessoa que ministra o curso, surpreendentemente, *não* julga que possa ensinar tudo a todo mundo, de ética, passando por postura e charme. Seu método consiste apenas em deixar você lhe contar sobre si mesma, enquanto ela vai tomando nota mentalmente das coisas que parecem estar erradas. Alguns dias depois, você é orientada a ir ver alguém mais – um especialista em voz, um consultor de moda ou algo assim, e você recita mais um monólogo pessoal, sem dúvida com absoluto proveito pessoal. Após algumas poucas sessões serem reportadas por extenso ao primeiro entrevistador e depois de cuidadosamente analisadas, será dado a você um mapa em que constam todas as coisas que estão erradas com você, e também todas aquelas que estão adequadas, bem como a forma de suplantar as primeiras e enfatizar as segundas. Você já conhece ou já fez isso? E o que faria a respeito, no caso de precisar trabalhar algum dado? Apenas reconsidere um instante antes de decidir que suas tendências pessoais são cruzes que precisa terminantemente carregar. Talvez, depois disso, você tenha descoberto uma nova maneira de aproveitar seu tempo livre.

Um número razoável de viagens deveria, por força, estar entre suas premências. (E mesmo um número irracional, se possível.) Se não concordar com isso, há certamente algo errado com você, e seria recomendável consultar um especialista, um religioso ou pelo menos ler alguns livros de viagem ou *folders*. Todas as pessoas normais deveriam perturbar-se de vez em quando com o fato de existirem orquídeas selvagens no Brasil que elas podem nunca ver, e sinos nos templos de Mandaly[47] cujos badalos podem nunca ouvir, e belas jovens balinesas e ainda incríveis conventos tibetanos que, é provável, se

---

47. Cidade de Mianmar, antiga Birmânia (Sudeste Asiático), encantadora pelos inumeráveis monastérios e templos budistas. (N. da T.)

perderão completamente para elas. Se tudo isso estiver fora de cogitação, há ainda Atlantic City, para quem vive no Leste (e puder considerar isso uma viagem), e Ensenada ou Palm Springs, para quem vive no Oeste, e outros locais de interesse a meio caminho entre os citados; sem mencionar Canadá, México e cruzeiros de todos os tipos e para todos os bolsos.

Talvez isso pareça um pouco extravagante – um programa para uma mulher já realizada e não para aquela que acaba de começar sua vida ou que está a meio caminho de realizá-la. É bem verdade que se leva a vida conforme os rendimentos disponíveis. Mas também é possível adaptar todas as nossas predileções a um salário bem pequeno. Você pode, por exemplo, ter uma boa refeição pelo preço de uma ruim, e mobiliar a sala de estar charmosamente pelo mesmo preço de um arranjo de mau gosto. Com um nível razoável de engenhosidade, é possível ter condições de vida excelentes, gastando praticamente nada.

As grandes cidades oferecem a maior variedade nesse sentido – Nova York, provavelmente, mais do que qualquer outra nos EUA. Por outro lado, nas menores cidades o custo é menor, e cada uma delas apresenta suas próprias vantagens.

Não há limites para as coisas que podem ser usufruídas sem gastar muito em Nova York se você for suficientemente esperta. Você já esteve, por exemplo, num cinema do subúrbio, onde se pode ver filmes antigos, saias à altura do joelho e tudo o mais, e onde elegantes prêmios são distribuídos, especialmente nos sábados à noite? Já esteve em um teatro iídiche, com seu refinado desempenho, no mais baixo lado leste? Ou em um encontro espiritualista no mais alto lado oeste? Esteve, quem sabe, no circo de pulgas, ou participando de jogos de caça-níqueis para ganhar prêmios na Broadway? (Leve um acompanhante nesse último caso.)

Alguma vez você já procurou com afinco restaurantes ao estilo de uma pensão francesa, onde a feliz combinação de *gourmets* mais o jantar não custa quase nada? Ou procurou restaurantes italianos, espanhóis, russos, turcos ou armenianos, em que a comida é ao mesmo tempo boa e barata?

Já foi ouvir os mais requintados organistas de Nova York tocarem nos sábados à tarde ou ouvir a apresentação do coro da Catedral Ortodoxa Russa, ou ainda esteve presente ao simpósio para a poesia na Saint-Marks-in-the-Bouwerie?[48]

Já experimentou a piscina da ACF, andou de *skate* no Central Park ou participou de uma aula de oratória? Já andou de um lado para o outro na balsa "Staten Island Ferry" ao cair de uma tarde de inverno, quando a baixa Nova York cintila de cada uma das altas janelas, através do porto, assemelhando-se ao cenário de um teatro?

Você já passou um domingo de primavera ao ar livre no Parque de Bronx, quando milhões de tulipas ou de íris florescem, e variações incríveis de lilás se sucedem de forma inimaginável? Ou esteve no Zoológico de Bronx,[49] onde mesmo um adulto costuma ir uma ou duas vezes? Ou almoçou ao lado de focas num dia de verão, quando guarda-sóis pontilham o terraço do restaurante do Central Park?

Você já atravessou a Ponte do Brooklyn numa fresca noite de verão ou a Ponte George Washington no outono, quando as paliçadas são de magníficos vermelho e amarelo? Já esteve em Chinatown, num concerto no parque ou no estádio?

---

48. Igreja no bairro de Bouwerie, Nova York. (N. da T.)

49. Situado em Nova York, é considerado o maior dos zoológicos urbanos dos Estados Unidos. (N. da T.)

Solteira e Feliz

Já visitou os grandes mercados pela manhã bem cedinho e observou as gôndolas de vegetais verdes e amarelos, de frutas escarlates e douradas? E as bancadas de diferentes alimentos e bebidas de cada nação?

Você freqüenta a biblioteca pública mais próxima – e realmente sabe o quanto isso pode ajudá-la? Tem parado para ouvir os seis maiores pregadores da cidade? Ou, ainda, comparecido a conferências de algumas das atuais celebridades?

Tem visitado a American Wing, no Metropolitan,[50] e o museu da cidade de Nova York? Tem ocupado o camarote superior na Ópera, ido aos guichês em filas de promoção até conseguir assentos a preços baratos para pelo menos dois ou três dos melhores *shows* na cidade? (Segundas à noite, por exemplo, é possível consegui-los.)

Já esteve em uma luta de boxe profissional, em um programa de tevê ou mesmo num espetáculo de variedades? E o que dizer a respeito de mostras livres de arte?

---

50. A seção do majestoso Metropolitan (museu que existe desde 1880 em Nova York) denominada "American Wing", onde podem ser admiradas artes decorativas em todas suas manifestações: porcelânica, mobiliária e outras. Um acervo cujo panorama abrange aproximadamente três séculos de cultura decorativa. (N. da T.)

Essas são apenas algumas das coisas que se pode fazer com um salário de operária. Se você vive em Nova York há um ano e já fez uso da maioria dessas possibilidades, certamente não tem sofrido de tédio. Se, por outro lado, vive em Nova York sem ter freqüentado absolutamente nenhuma delas – então, caso esteja entediada, atribua isso à sua própria falta de iniciativa, e não às circunstâncias.

SITUAÇÕES

Situação n. 11: Srta. T. – A senhorita T. veio para Nova York há alguns anos, proveniente de uma pequena cidade em New Hampshire, trazendo consigo uma variedade de peculiaridades provincianas – mas ninguém acreditaria nisso se a visse atualmente. Durante os últimos seis anos, ela tem cumprido seu dever para com a família, passando com ela o Natal, mantendo suas três semanas de férias intactas para viagem. Durante 49 semanas do ano ela trabalha duramente, e nas manhãs de domingo considera a seção de turismo do jornal a mais fascinante das leituras. Ela calcula cada lugar que pode ser percorrido no tempo de 21 dias, além de quando e como fazê-lo da forma mais barata. Moderna, já fez viagens de barco a Caracas, Labrador, Nova

Orleans e Majorca, bem como visitou, de trem, o Quebec e a Flórida.

A cada viagem, sua única extravagância consiste em aquisições para seu apartamento (se possível várias), que, segundo ela, a farão lembrar-se das viagens quando, já velha, não lhe for mais possível circular. Contudo as aquisições são ao mesmo tempo decorativas e úteis.

Ela fez pelo menos um amigo a cada viagem, e mantém todos. Eles representam inumeráveis almoços e jantares, quando vêm a Nova York, e diversos convites para fins de semana. E além disso ela continua, por seus próprios esforços, progredindo maravilhosamente em postura, charme e autoconfiança.

Situação n. 12: Srta. G. – A senhorita G. viveu sozinha em Los Angeles por doze anos, oito dos quais foram solitários e miseráveis. Durante esses oito anos ela viveu numa pensão, trabalhando como gerente em uma loja de departamento. Um parente idoso do leste americano permaneceu duas semanas na cidade e levou a srta. G. para almoçar e jantar uma meia dúzia de vezes. Ele era um desses cavalheiros com um *hobby* que equivale a uma paixão – e, nesse caso, aconteceu de a paixão ser a fotografia. Tendo observado que a srta. G. era extraordinariamente estimulável, ele deu a ela, como presente de despedida, uma câmera fotográfica de qualidade, insistindo para que ela freqüentasse uma escola de fotografia no período da noite. Foi o que ela fez – e sua vida tornou-se bem diferente. Passados seis meses, ela já havia conseguido um prêmio de fotografia oferecido por um jornal. E, seis meses depois, mudou-se para um apartamento minúsculo, mas em condições de reservar um pequeno espaço para fazer suas próprias revelações e cópias (o espaço era a cozinha – a srta. G. não é uma mulher caseira). Não muito depois disso, conseguiu uma encomenda (por intermédio da escola) para ensaios de fotografia de moda.

Agora tem seu próprio estúdio e é uma fotógrafa profissional, no lugar da antiga gerente de seção. Duplicou seu conhecimento e triplicou seu salário, e – mais importante do que isso – seu trabalho a mantém atualizada em arte moderna, teatro, vestimenta e qualquer coisa mais que passe por sua área de atuação. Ela é hoje, de longe, muito mais interessada e, principalmente, muito mais interessante do que era antes.

SITUAÇÃO N. 13: Srta. B. – Há dois anos, o cargo da senhorita B. obrigou-a a mudar-se de Búfalo para

Solteira e Feliz

Chicago, onde ela não tinha nenhum amigo. Logo encontrou um agradável apartamento com uma suíte, mas a questão de conhecer pessoas revelou-se mais do que um simples problema. A senhorita B., entretanto, apesar de não ser nem bonita nem vistosa e de ter um salário bem limitado, é uma jovem afável e com potenciais.

Depois de algumas semanas aborrecidas, ocupou-se vigorosamente de si mesma. Entrou em um curso do ginásio noturno às terças-feiras na ACF e, às quintas-feiras, em um curso de decoração de interiores, planejando suas despesas de tal forma que ainda conseguia assistir a alguma peça ou a um bom filme nos sábados à noite. Para enriquecer seus estudos em decoração, gastava ao menos metade de sua hora de lanche visitando exibições, lojas de mobiliário de qualidade, quartos decorados, nas maiores lojas de departamento, mostras têxteis e o Instituto de Arte. Além de tudo isso, traçou um plano de leitura das obras que sempre desejara ler – e cumpriu-o nas noites ociosas.

A senhorita B. está começando seu terceiro ano em Chicago, mas já conhece mais pessoas do que muitos nativos e tem tão poucas noites livres que, quando quer fazer alguma leitura, precisa se programar para poder ir para a cama com seu livro. Os núcleos de seu círculo de amigos foram estabelecidos em seu trabalho e nos dois cursos; os demais eram amigos dos amigos. Entretanto, ela ainda freqüenta aulas uma vez por semana. Esse ano é sapateado.

Situação n. 14: Sra. W. – A senhora W. iniciou uma sensacional carreira quando tinha seus juvenis 20 anos e continuou nela até os 40, tornando-se cada vez melhor. Trabalhou como uma condenada durante período integral e, quando se aposentou, aos 62 anos, efetivamente aparentava isso. Seus amigos, entretanto, estavam mais preocupados com as súbitas mudanças em suas atividades do que com a gradual alteração em sua aparência.

"Como você vai preencher seu tempo?", perguntavam de comum acordo.

"Com o velho *chassis*",[51] dizia a senhora W. "Com o mesmo pobre velho corpo maltratado."

E assim foi.

Ela toma seu *breakfast* na cama, já tarde, folgada e confortavelmente. Não admite, por nada nesse mundo, que seus compromissos regulares semanais sejam cancelados: tratamento de cabelo, com apli-

---

51. Gíria americana para se referir ao corpo. (N. da T.)

cação de ondas, tratamento facial e manicure. Duas manhãs da semana ela despende numa academia, onde se exercita e relaxa em uma cabine de sauna, ou se banha sob uma lâmpada ultravioleta, para o regalo de seu coração. E nas noites em que se sente estressada, ela chama uma terapeuta que lhe aplica uma massagem demorada e tranqüilizante.

No último inverno, a senhora W. foi a Palm Beach e bronzeou-se ao sol. Esse ano planeja ir a Palm Springs com o mesmo propósito.

Sua pele parece mais jovem e vigorosa do que o foi em quarenta anos, e ela emagreceu muito nos quadris e na barriga. Em um chá, recentemente, distraiu os convidados com extrema desenvoltura.

Essa senhora W. leva uma vida elegante.

Capítulo 6

Cenário para um solo

TODA CASA, NATURALMENTE, DE um simples apartamento de um dormitório a uma mansão medieval, deveria ser tão encantadora, confortável e chique quanto possível – e isso é, algumas vezes, tanto verdade para uma casa onde mora uma mulher quanto para outra onde moram diversas. Se você vive com alguém, sua atenção se distrai um pouco do ambiente, mesmo você não gostando da pessoa. (Não existindo, aliás, algo que prenda mais a atenção do que o tipo de raiva que alguém que mora com você pode despertar, exceto quando se trata de um caso de irritação crônica.) Mas, quando você ganha a vida por si mesma, em geral permanece consciente de tudo, de uma cortina mal escolhida a um abajur torto.

É uma boa idéia, então, dar uma atenção especial a seu ambiente. O lugar em que você vive deveria forçosamente refletir sua personalidade – e isso acontecerá, queira ou não. Não há nada mais revelador do que o lugar em que vivemos. Ele pode ser sob medida ou *chi-chi*,[52] gracioso ou engenhoso, masculino ou feminino, inculto ou aculturado. Ele vai revelar você a todos que o freqüentam e, da mesma forma, influenciar seu humor e moral.

Numa propriedade feudal, charme poderia ser a primeira coisa a que buscar, mas, numa residência particular, vamos começar procurando ser chique. O atributo do que é atualíssimo importa enormemente. Em primeiro lugar, é algo essencial em muitos empregos – e o que você transparece em seu trabalho, normalmente, acaba também transparecendo em seu ambiente. Por conseguinte, não temos nenhuma paciência com uma mulher que cerca a si

---

52. Expressão que significa "elaboradamente ornamentado". (N. da T.)

mesma, sentimentalmente, com sobras do passado de um esplendor decadente e que, junto com isso, se põe a decair também. É melhor doar um velho aparador de mogno ao Exército de Salvação do que viver em meio a tantas lembranças de um morto que foi muito querido.

Entretanto, é possível conviver com antiguidades de qualidade, realçando-as com cortinas bem modernas e demais acessórios – aliás, nada poderia ser mais elegante. Contudo tem de ter um visual moderno, pois ninguém pode viver por muito tempo em uma atmosfera mofada sem também adquirir um pouco de mofo.

Nunca houve um tempo em que fosse tão fácil tornar uma casa atraente. Salas com móveis econômicos na maioria das lojas, ofertas em todas elas, salões de leilão, e superabundância de lojas de segunda mão, a variedade de estilos podendo ser aplicada a todas as coisas, de forros plásticos a pianos de cauda; as oportunidades são praticamente ilimitadas. Você pode até mesmo adquirir bom gosto com uma pequena atenção a revistas voltadas à decoração de interiores e visitas às melhores lojas de mobília e à "American Wing",[53] no Metropolitan.

---
53. Idem nota de rodapé 50. (N. da T.)

Na seqüência ao chique vem o conforto. Muitas pessoas colocam-no em primeiro lugar e as conseqüências é que nos fazem colocá-lo em segundo. Uma casa pode ser confortável e muito, mas muito pouco interessante, ou pode ser confortável, porém depressivamente sufocante. Mas, afinal, o conforto é atributo indispensável – e o conforto que corresponde às suas principais necessidades e peculiaridades. Ter o tipo de cadeira em que você gosta de se sentar colocada no lugar onde você gosta de se sentar e ter o mobiliário que pode ser agrupado para prover o seu tipo de entretenimento. Se você gosta de aconchego, tenha um sofá macio e uma enorme cadeira, ou uma espreguiçadeira, e se aconchegue nela. Mantenha boas lâmpadas para leitura nos *spots*, em locais onde você costuma usá-los, e pequenas mesas onde elas se mostrem mais proveitosas, e um telefone que possa alcançar de sua cama, e, se tiver uma empregada, não se esqueça de manter um sino ao lado da cama, adquirindo assim o hábito de usá-lo. Essa é a sua casa e é provavelmente o único lugar no mundo onde você pode ter as coisas exatamente como lhe agradam.

Em terceiro lugar vem o charme, uma qualidade intangível, tida como a TAL, que terá de ser adquirida por si mesma. Poucas coisas valem mais o esforço do que ele, seja no que se refere a charme na personalidade, seja com relação a charme no mobiliário da casa. Ou, mesmo, poucas coisas valem tanto o valor que custam quanto o charme; entretanto, ele não requer muito dinheiro. Gosto é muito mais uma questão de conhecimento do que de despesa. Se você entende de revestimento, cor, composição, e da história que pulsa sob a mobília e os acessórios, terá automaticamente adquirido bom gosto.

Entretanto, uma pequena extravagância em gastos com coisas básicas como camas, colchões, travesseiros e itens maiores é muito sábia, porque provavelmente eles irão durar tanto quanto você; por outro lado, os mais baratos irão fazer de você alguém muito, mas muito doente.

Tão importantes quanto as coisas que você coloca em um quarto são aquelas que deixa de colocar. Mobília em excesso está tão fora de moda quanto a modéstia. E por boas e justas razões. Ela confunde, cansa e é trabalhoso ter de se ocupar dela. É também feia por si mesma e seu dono aparenta pertencer a uma outra época. Mesmo assim a Grande Tentação – bem, pelo menos uma delas – para muitas pessoas que vivem sozinhas é ter excesso de mobília e de outras coisas mais. Temos freqüentado muitas moradias femininas, nas quais metade dos móveis poderia ser tirada e dada à mais próxima loja de usados – conseguindo um efeito semelhante ao que seria atingido se tivesse chamado um decorador.

Se, de um lado, esse excesso pode ser atribuído à sentimentalidade, de outro se deve à circunstância usual de uma pessoa se mudar de um local maior para um menor, sem conseguir abrir mão de todas as coisas. Essa é uma daquelas ciladas econômicas, nem um pouco práticas, em que todos caímos. Costumamos pensar que estamos salvando as coisas para dias melhores, que em geral não chegam. Se chegam, ocorre que as coisas se tornaram cafonas e, nesse caso, podemos arcar com a despesa de adquirir peças novas, de algum modo.

É o espírito de eliminação que tem reduzido o trabalho de manutenção de uma casa. Ele e o desaparecimento do sótão. O bom e defasado sótão, com suas caixas, baús e embrulhos, que tinham de ser movidos, selecionados e revistos, deve ter dado mais cabelos brancos a uma mulher do que seus oito filhos, incluindo os trigêmeos. (Elas não tinham quíntuplos nos tempos do sótão.) É muito provável que você não tenha um sótão. Caso contrário, seu abençoado solteirismo não vai lhe permitir nenhum tipo de desculpa para não o manter praticamente vazio. Melhor ainda, use-o como uma sala para jogar pingue-pongue.

Aplique o mesmo princípio para qualquer cômodo, despensa e armário e você terá dado um grande passo para alcançar charme, conforto e requinte. Lembre-se de que não há nenhuma lei exigindo um quadro no espaço de cada parede (quando em excesso, mesmos os melhores quadros fazem um quarto parecer abarrotado) e, também, de que toalhas de mesa e toalhas de escritório, em geral, desapareceram de todas as modas; e esses enfeites somente são elegantes quando em pequeno número e muito bem escolhidos.

Seria loucura tentar dizer a você o que *deveria* escolher. *Seu* ambiente e *sua* montagem lhe pertencem, devendo estar subordinados a seu gosto, carteira e circunstâncias. Se você não tem conhecimento do assunto, saia e faça descobertas. Vá a exibições – *show-rooms* de casa, pinturas e cerâmicas, e todas as demais artes afins. Algumas das melhores a serem vistas são gratuitas. Ainda que você já more numa casa mobiliada, é uma boa idéia conhecer o estilo Queen Anne, do *Early American*,[54] e procurar informar-se, por exemplo, se uma *bergère*[55] é algo com que se vestir ou para se sentar.

Tudo isso, naturalmente, é ainda mais importante se você mobiliar seu próprio apartamento. Uma habilidosa mescla de épocas pode ser tão encantadora e sofisticada como qualquer uma feita por Syrie Maugham,[56] ao passo que uma mescla ignorante pode redundar num aspecto terrível.

Qualquer coisa que decida a respeito, não o faça sem entusiasmo, pois seu espaço, se você vive sozinha, importa muito mais do que se tivesse um marido ou mesmo um amante. E seu padrão de vida deve manter-se em um nível dez pontos acima do que seria se você morasse com mais alguém. A mulher que trata a si mesma como uma aristocrata aparenta ser uma aristocrata para as outras pessoas, enquanto a mulher que é desmazelada em casa, inevitavelmente, escorrega às vezes em público.

---

54. Estilo de mobiliário que se refere à rainha Anne (cujo reinado estendeu-se de 1702 a 1714) da Inglaterra. Diz-se *Early American* (1640-1700) para designar os primórdios, a primitiva cultura mobiliária da América do Norte. No período colonial houve uma mescla de diferentes estilos, incluindo o "Queen Anne". (N. da T.)

55. Espécie de poltrona larga e funda, guarnecida de uma almofada. (N. da T.)

56. Decoradora de interiores que conheceu muito sucesso na Europa, na década de 20. (N. da T.)

É muito bom levar alguns amigos para a cozinha e deixar que eles agitem o jantar da meia-noite; mas nunca, nunca mesmo, faça uma refeição leve na mesa da cozinha. Não há moral que possa resistir por muito tempo. (Se não quiser montar a mesa, arrume uma bandeja com seu melhor linho e porcelana e leve-a até uma confortável cadeira ao lado da janela.) Nunca permita que as cortinas entrem no seu quarto, porque "ninguém vai vê-las". Não economize em flores, nem que seja uma única flor para a sala de estar, e ainda que você seja a única pessoa para apreciá-las.

Uma das grandes vantagens do seu estilo de vida é poder ficar sozinha quando quiser. Muitas pessoas jamais descobrem o quão prazeroso isso pode ser; talvez por causa de todo o leque de possibilidades trazidas pelo mau uso da expressão "divirta-se".

Quanto mais você se diverte, mais especial você se torna.

SITUAÇÕES

Situação n. 15: Srta. W. – A senhorita W. tem 27 anos e uma boa posição de secretária, com o comumente limitado salário. Ela tem, também, o instinto doméstico. Encontrou um assim chamado quarto-esala – com uma sala não muito grande, na verdade, um minúsculo vestíbulo, uma cozinha tão pequena quanto um armário para vassouras, dois reais armários e um banheiro. Seu aspecto especial consistia em estar num andar alto (para um apartamento sem elevador) e também em apresentar mais de duas paredes da sala tomadas por janelas. A senhorita W. logo procurou um bom carpinteiro, não muito careiro, e, além dele, convocou um bem disposto artesão, na pessoa de um namorado apaixonado. Sob a orientação da moça, eles aplicaram prateleiras de livros e aparadores feitos de cores luminosas e madeiras de visual moderno em todos dos espaços disponíveis nas paredes das janelas. As portas ocultam um rádio, um bar e uma quantidade considerável de prateleiras e equipamentos, todos tão compactos quanto um carro-leito. A sala tem um sofá (também moderno e estofado em bege), que pode ser transformado em uma cama; suficiente, mas sem muitas cadeiras modernas e mesas; vários abajures brancos e algumas atrativas cerâmicas brancas.

Armários, cozinha e aparadores contêm tudo de que ela precisa – da linha Basco de Macy[57] a copos

---

57. Refere-se à famosa loja de departamentos de Nova York. (N. da T.)

vermelhos da loja de dez centavos de dólar.[58] E o resultado, embora não elegante, é tão divertido e chique quanto a casa de campo de um milionário na Riviera – e de fato tão encantador, que o namorado (agora marido) está vivendo no apartamento com ela, o que, conseqüentemente, exclui a srta. W. deste livro.

SITUAÇÃO N. 16: Srta. D. – A srta. D. tem a mesma idade que a senhora W. e também igual salário, mas falta-lhe o instinto doméstico. Ela não é adepta de gastar dinheiro em coisas que não aparecem e, assim, vive em um pequeno e barato quarto de pensão, ornado com uma cama pesada, uma cômoda feia, uma mesa de carvalho e duas cadeiras. Há, ainda, uma mancha no forro, decorrente de uma goteira do inverno precedente. Segundo a srta. D., isso não importa, uma vez que ela passa a maior parte de sua vida fora dali.

Quando a srta. D. sai para o escritório, às 8h45 da manhã, ou para um compromisso às 7h15 ou 8h30 da noite, ela é uma obra de arte, de seu rosto belamente maquiado a seus saltinhos franceses. No entanto, da mesma forma que a maioria de nós, ela

---

58. Equivalente às nossas atuais lojas cujos preços oscilam entre um e dois reais. (N. da T.)

não tem força, dinheiro nem convites para sair as sete noites da semana, sem contar que, aos sábados, domingos e feriados, não tendo de ir ao escritório, passa horas particularmente depressivas em sua casa. Quando fica de cama, por estar doente, sua situação é bem infeliz. Sua cama não é suficientemente confortável para encorajá-la a dormir, a luz não é boa o bastante para a leitura e o aspecto geral do lugar não é apropriado para receber visitas.

Uma vez que a srta. D. não tem recursos suficientes para gastar com amigos nos restaurantes elegantes em que gosta de comer, ela tem visto com mais freqüência os amigos ricos que a convidam e deixado de lado os velhos amigos que não o fazem, tornando-se assim, de certo modo, o que é considerado uma parasita. E ainda, uma vez que não pode convidar os amigos para sua casa, ela tem se tornado um pouco disponível demais para ir ao apartamento deles. Tomara que a srta. D. não tenha um fim ruim.

SITUAÇÃO N. 17: Sra. E. – A senhora E. tem pouco mais de 60 anos e é uma viúva com cinco crianças já crescidas e um salário bem pequeno. Quatro de seus filhos são casados e a quinta é uma bem-sucedida decoradora em Boston; todos insistem para que ela vá morar com eles. Entretanto, quando ouve esse convite, ela logo identifica nele a voz da obrigação, o que julga nem um pouco atraente. Além disso, ela não aprecia – não importa por quanto tempo – o marido de sua filha mais velha, o estilo de vida da filha mais jovem, a forma como sua nora mantém a casa ou a algazarra dos netos nas duas famílias. Por essa razão, remodelou o chalé que tinha sido do jardineiro de seu filho mais próspero e também o mobiliou com tudo aquilo de que mais gosta, adquirido em seus 40 anos de casada – indiferente se sua filha decoradora aprova ou não suas escolhas. Ela tira uma imensa satisfação de seu jardim e fica encantada com o fato de a família e os amigos a visitarem com tanta freqüência, enquanto ela, por seu lado, vai vê-los tão raramente que suas visitas constituem um autêntico Acontecimento.

SITUAÇÃO N. 18: Srta. F. – A srta. F. trabalha em uma fábrica de moldes e tem uma posição suficientemente interessante, de tal modo que todo mundo gostaria de saber por que ela se veste de forma tão desinteressante e se desloca do centro de Nova York a um inacessível ponto fora de Yonkers.[59] Seus com-

---

59. Cidade-subúrbio que se situa ao norte da megalópole Nova York. (N. da T.)

panheiros de trabalho acreditam que ela traga no coração algum amor não correspondido, uma vez que a srta. F. (que é tão atraente quanto inteligente) já morou em um conveniente *apart-hotel*, tão bem adornado quanto poderia ser o melhor deles.

O que eles não sabem é que ela sempre vê uma casa como sinônimo de paraíso e que a considerou, também, por um longo tempo, algo inatingível – levando-se em conta que para ela uma casa não significa nem um quarto de hotel nem um apartamento. Mas, um dia, viajando com um amigo, ela descobriu um galpão para carruagens, no campo, aparentemente distinto de qualquer outra propriedade. (Mais tarde descobriu que a casa tinha sido consumida pelo fogo.) Havia trepadeiras com florzinhas rosas em um dos lados e alguns arbustos lilases em frente; foi então que o verniz de eficiência profissional da srta. F. se desfez. Ela empregou a maior parte de seus ganhos para comprá-lo e o restante para remodelá-lo e assegurá-lo.

Seus gastos agora se concentram em lojas de usados, em vez de teatros e restaurantes, e suas extravagâncias são voltadas para cortinas e talheres, em vez dos modelos da coleção de primavera. As pessoas com freqüência comentam (naturalmente não com a própria srta. F.) que é uma pena que ela tenha se descuidado tanto. Isso, entretanto, não é fazer-lhe justiça, uma vez que ela não negligenciou sua natureza. E até, sua saúde e silhueta têm melhorado pelo trabalho com o ancinho em sua dedicação à jardinagem. Quanto às roupas, seria interessante saber se uma visita à casa da srta. F., ornada com tecido de algodão inglês na janela, com cerveja doce em canecas de cobre e uma vista do vale a partir do terraço de pedra, não iria convencer seus críticos de que ela está empregando seu dinheiro certamente melhor do que eles.

Capítulo 7

Prazeres de uma cama de solteira

Provavelmente seja verdade que a maioria das pessoas encontra mais diversão na cama do que em qualquer outro lugar, e quanto a isso não estamos sendo vulgares. Até mesmo ir sozinha para a cama pode ser atraente. E há muitas ocasiões em que, sem dúvida, é de longe o melhor lugar aonde ir.

Quer você concorde ou não, pelo menos é fato que você terá de ir para a cama a cada 24 horas, e terá de fazer isso pelo resto de sua vida. Ao ler as estatísticas, vai descobrir que a proporção do tempo de sua vida gasto dormindo ou deitada é tão grande que, em geral, bem raramente parece valer a pena levantar-se. O que evidencia bastante que você deveria fazer do ato de ir para a cama também uma arte.

Todos somos favoráveis a conseguir o máximo de *glamour* possível na decoração do quarto. Tanto para o quarto de solteira quanto para o de casal. Se até mesmo as mais respeitáveis solteironas olhassem seus quartos como um lugar onde tudo pode acontecer, os efeitos resultantes seriam extremamente benéficos.

Seu quarto pode ser um quarto pequeno, ou ainda não muito elegante, mas uma cama é absolutamente imprescindível. Faça dessa cama algo tão aprazível quanto seus recursos permitirem, tornando-a também tão bonita quanto possível. Se não puder ter uma moderna cama espelhada, uma com baldaquino em mogno antigo ou uma boa reprodução de algum outro modelo, pegue a sua cama e retire dela a guarda e os pés, depois use uma coberta realmente encantadora e perfeita para ela. Com muitos travesseiros e sua melhor camisola, é possível ser tão sedutora nessa cama quanto em qualquer outra.

Outras propriedades importantes para o bem-sucedido cenário da cama são um criado-mudo com uma boa luminária para leitura, um relógio e um telefone ao alcance da mão. E não é uma má idéia ter uma penteadeira espelhada ou algum outro tipo de espelho suspenso, diretamente diante do pé da cama, de forma que você possa ver a si mesma quando se sentar. Isso às vezes pode parecer depressivo, mas costuma funcionar mais como um alerta quando você estiver perdendo a postura.

Toda mulher deveria desenvolver um ritual próprio, especial, para executar todas as noites antes de ir para a cama. E deveria fazê-lo a cada noite, sem exceção, incluindo aquelas em que está morta de cansaço. Mesmo nesse caso, pelo menos se pentear vigorosamente com uma rígida escova de cabelo, suficiente para ativar a circulação, usar um pouco de óleo para a cutícula e uma loção para as mãos, um creme de limpeza e qualquer outro creme que faça o melhor por sua pele são exatamente tão importantes quanto escovar os dentes. Nas noites em que você estiver em casa e não estiver cansada demais, dedique a si mesma todos os demais cuidados de que precise. Isso é particularmente recomendável se não quiser continuar indo para a cama sozinha pelo resto de seus dias, mas, mesmo não importando o motivo, é o melhor a fazer.

Poderíamos supor, evidentemente, que a mulher que vive sozinha seria mais consciente a esse respeito, partindo do mero ponto de vista da facilidade; mas esse não costuma ser o caso. Talvez seja exatamente a razão por que muitas delas vivem sozinhas. Em todo caso, há centenas de mulheres que não conhecem a diferença entre um creme de limpeza e um emoliente – o que nos parece praticamente o mesmo que ser iletrado. Com o ar repleto de poeira e a água poluída da maioria das nossas cidades, a cútis de nenhuma jovem pode manter-se sem cuidados, e é inteligente descobrir aquilo de que sua própria pele precisa e aplicá-lo. Fazendo isso você vai ser uma mulher muito mais bonita.

Também gostaríamos de dizer algumas poucas palavras a respeito de seu guarda-roupas. Ele não é exatamente o lugar para ser sério e prático. Vista apenas camisolas que você tenha certeza de que lhe caem bem. Não se pode imaginar nada mais depressivo do que ir para a cama numa desbotada camisola com quatro anos de uso e, contrariamente, nada mais animador do que ir para a cama perfumada e vestindo uma deliciosa camisola de cetim *pink*, de qualidade e de belo caimento.

Depois, naturalmente, você precisará de robes – ao menos dois, um quente e outro leve, ou tantos quanto puder adquirir. Tenha aqueles sob medida, conforme seu estilo e que lhe caiam bem. E não pense que quatro são muita coisa, sobretudo se você pertence à escola do *breakfast*-na-cama. Um confortável e quente para uso diário e outro também quente e bem bonito para ocasiões especiais. Um outro de tecido leve e fresco para as manhãs de verão e um mais enfeitado para ficar mais bem vestida. Você mesma pode fazê-los de retalhos, praticamente num abrir e fechar de olhos. Para outras ocasiões, tenha um de seda acolchoada ou de lã escocesa Shetland e outro de cetim acolchoado ou veludo escuro, que tornará você mais bonita.

O *breakfast* na cama proporciona, sem dúvida, um dos maiores deleites da vida, e pretendemos ainda falar bastante a esse respeito no capítulo sobre comida. Não existe também um hábito que seja mais rejuvenescedor do que um jantar na cama quando se está cansada. Se você estiver muito cansada, tome apenas um prato de sopa quente e talvez algum suco de frutas pouco antes de se deitar. Se você estiver combatendo um resfriado, tome então um copo de suco de frutas no lugar da sopa e, antes de desligar a luz, uma limonada quente ou um chocolate quente. Se estiver sofrendo de insônia, tente Bovril,[60] leite quente ou chá de camomila, como relaxante.

De qualquer modo, considere a noite como uma festa. Mesmo que você nunca tenha gostado de ficar na cama – nós sabemos que existem pessoas assim –, convença a si mesma de que é divertido e persista até que realmente seja. Planeje o que fará com antecedência e tenha tudo do que precisar à mão – um bom livro ou algumas revistas recentes, ou talvez o material necessário para escrever cartas. E proporcione a si mesma muito, mas muito conforto, além disso, de forma tanto mais elegante quanto souber fazê-lo.

Tudo isso também se aplica ao caso de você se encontrar realmente doente e de cama durante todo o dia. Nesse caso, procure ter o serviço de uma empregada e regale-se em ser prontamente servida. Se isso, por sua vez, for impossível, planeje seu dia logo ao acordar de modo que precise levantar pouco e, ao fazê-lo, apanhe as coisas de que provavelmente

---

60. Marca de um produto muito famoso nos EUA e empregado com diferentes finalidades. (N. da T.)

vai precisar nas próximas poucas horas, em vez de saltar da cama para buscar um lápis ou uma lixa de unhas a toda hora. (A propósito de lixas – um dia na cama é uma ótima oportunidade para deixar suas unhas de molho em azeite de oliva quente, dedicando a elas um pouco de cuidado mais tarde.). A menos que você esteja muito, mas muito doente mesmo, o conselho para se acamar deliberadamente lhe assegurará um grande bem-estar. Se não conseguir, mande chamar o médico.

Aliás, não permaneça sozinha caso esteja muito mal; vá ao hospital ou à casa de um parente. Você certamente estará melhor fora de casa, num pequeno bom hospital (que além de tudo pode ser muito confortável), se sua única alternativa for permanecer em seu próprio quarto sem ninguém para cuidar de você. Quando se adoece, *não* é exatamente o momento de ser nobre nem mesmo o momento de querer demonstrar a própria coragem. Coragem pode ser uma virtude quando se está com boa saúde, mas pode ser condenável quando se está doente. A coisa mais sensata a fazer é aceitar-se, total e inteligentemente, como uma mulher fragilizada, e restabelecer-se tão rapidamente quanto possível.

Se você é iniciante no jogo de viver sozinha, é provável que sinta medo do escuro, às vezes, ainda que, naturalmente, não o admita. Isso também é algo para ser vencido rapidamente; você pode viver um tempo desgraçado retardando a agonia. Quando acordar à noite convencida de ter ouvido um homem movendo-se na sala ao lado, *não levante para investigar*. Mais importante ainda, *não telefone* para o zelador ou para o marido de uma amiga do outro lado da rua, ou para seu irmão em Nova Jersey. É quase certo que não há nenhum homem na sala ao lado, e, ainda que houvesse, ele teria partido antes que qualquer pessoa chegasse lá. O truque consiste em virar para o lado e pensar em qualquer outra coisa – por exemplo, em seu vestido novo, ou naquilo que você teria dito se o belo homem que a levou para o teatro na semana passada lhe tivesse feito uma proposta de casamento – até que consiga dormir novamente. Isso é difícil no começo, mas depois de o sexto assaltante imaginário ter invadido seu *flat* sem que você seja molestada, já não representará problema de maneira nenhuma.

Se tudo isso soa um pouco deprimente, pense em todas as coisas com que você, absolutamente sozinha, não precisará se preocupar. Não vai precisar apagar a luz quando alguém ao seu lado quiser dormir, enquanto você quiser ficar lendo. O contrário também: não vai precisar suportar a luz acesa quando quiser dormir enquanto alguém a seu lado quiser ler. Não terá de levantar à noite para preparar uma bolsa de água quente para a outra pessoa, ou ficar acordada ouvindo roncos, ou fingir-se de alegre quando estiver cansada, de genial quando estiver triste, ou simpática quando estiver entediada. Você também, muito provavelmente, terá um banheiro todo seu, o que é inquestionavelmente uma das Grandes Bênçãos da Vida. Nesse caso, não precisará esperar alguém terminar de se barbear, enquanto você está congelada depois de uma sessão de creme gelado. Não terá nenhuma lamentação a fazer sobre seus frascos de estimação, ninguém para deixar toalhas molhadas no chão nem para ocupar a banheira quando lhe restar tempo apenas para uma ducha rápida. Desde o anoitecer até o amanhecer, você poderá fazer exatamente aquilo que lhe agrada, o que, somando tudo, é um quinhão muito bom nesse mundo em que muita sujeição é exigida de todas as pessoas.

SITUAÇÕES

Situação n. 19: Srta. P. – A srta. P. é uma moça de salário limitado, contudo de ilimitado talento. Ela tem um apartamento de dois quartos em Washington, que é um cenário encantador para sua beleza loira, da qual ela bem sabe tirar vantagem. Infelizmente, porém, a manutenção consome tanto do salário da srta. P. que ela freqüentemente se vê diante de situações embaraçosas, mas sempre acreditando que os resultados compensam a dificuldade.

Recentemente, uma velha amiga de escola que vive em Chicago veio a Washington para uma visita de dois dias. Era claro para a srta. P. que ela deveria entreter a amiga e que para isso precisava de condições que iam além das reservas de seu bolso naquele momento. Além disso, essa amiga era alguém a quem a srta. P. queria impressionar, em resposta a algumas atitudes esnobes na época do colégio interno. Assim, a senhorita P. considerou seus recursos cuidadosamente, pensando e repensando no assunto, até que – durante a visita da amiga, num fim de semana – caiu de cama.

Então, sob essa posição vantajosa, ela lhe propôs ao telefone um convite efusivo: "Sinto muito não poder mostrar-lhe a cidade" (e de fato sentia), "mas seja um anjo para mim e venha tomar um chá comigo. Estou de cama, mas não é nada contagioso".

Ao chegar, a convidada foi conduzida até o quarto da srta. P., no qual os raios do sol ao entardecer transpassavam as venezianas brancas, debruçando-se sobre um vaso de rosas numa mesa baixa espelhada. A srta. P., perfeitamente arrumada, mantinha-se adequadamente recostada a seus travesseiros, vestindo uma bela camisola de cetim branco com renda *Alençon*[61] e um casaquinho próprio para usar na cama em veludo rosa-concha. O cobertor em sua cama era também rosa e com barras de renda.

Durante o chá, que foi impecavelmente servido por uma empregada recrutada para o serviço da tarde, a srta. P. atendeu por duas vezes o telefonema de dois galanteadores. Na verdade, tratava-se de uma "coincidência" arranjada por ela, usando de muita engenhosidade.

Quando a visita foi embora, praticamente murcha de inveja, a srta. P. concluiu que suas despesas totais compreendiam dois dólares para a empregada, um dólar para as rosas e mais um pequeno

---

61. O nome designa a região de origem da renda, nas proximidades de Paris. (N. da T.)

acréscimo para o chá – um investimento bem feito e um grande negócio, com custos bem menores do que táxis, coquetéis e refeições em restaurantes – o mínimo que ela considerava dever oferecer se estivesse fora da cama.

A senhorita P., de fato, obtivera um bom saldo.

Situação n. 20: Sra. O. – Trata-se de uma senhora de meia-idade, franca, vigorosa e divorciada. Ela veste *tailleurs* masculinos e é participante ativa em clubes femininos e no movimento para o controle da natalidade. Ela se refere com desprezo a mulheres que só pensam em cozinha, e isso se torna evidente em seu próprio apartamento, onde seu desprezo nesse sentido transborda para a sala, o quarto e o banheiro. Embora os cômodos não sejam na prática desconfortáveis, são tão monótonos quanto depressivos, e não há nada em seu interior para ser apreciado.

O quarto da sra. O. contém uma cama estreita com uma cobertura de brim azul, uma escrivaninha em mogno nobre e envernizada, uma estante de livros branca, uma cadeira de vime, uma mesa sustentando um abajur para leitura, uma bandeja chinesa com um alfinete, alguns grampos de cabelo e uma coleção atípica de broches. Nele há, ainda, cortinas compradas em oferta, dois tapetes em trapos e desbotados, e reproduções de Santa Cecília e de *The Fair*, de Rosa Bonheur,[62] nas paredes.

A senhora O. (de forma muito compreensível) não costumava ficar tempo excessivo dentro de seu apartamento, até que, não muito tempo atrás, suas numerosas atividades a levaram à beira de um colapso nervoso; o doutor recomendou-lhe que fosse para a cama todas as noites antes do horário do jantar e que permanecesse na cama durante todo o final de semana, a partir daquela data. Os acenos do médico ameaçando uma internação em sanatório motivaram a sra. O. a obedecer.

Não tendo jamais desenvolvido nenhuma habilidade para uma vida doméstica elegante, suas noites e fins de semana não poderiam ser, de fato, bem-sucedidos. Logo à tarde, ela já começa a temer a chegada do fim do dia e chega em casa num humor incrivelmente infeliz. Veste uma inapropriada camisola de tecido raiom (a sra. O. acredita ser possível economizar dessa forma, por isso compra camisolas que não precisam ser passadas), um roupão de banho azul-escuro canelado (que não mancha) e vai para sua cama bem pouco atraente. Afirmando que

---

62. Rosa Bonheur (1822-1899), pintora francesa inovadora para sua época e cujos motivos artísticos eram de fundo realista. (N. da T.)

sempre detestou, nos últimos quarenta anos, fazer suas refeições na cama, ela se agita toda vez que sua bandeja de jantar está em seu colo – o que leva sua mal treinada empregada a sentir que não vale a pena, de modo algum, preocupar-se muito com o jantar. Com sua luz pouco adequada para a leitura e sem nenhuma inventividade para fazer algo na cama, ela gasta a maior parte da noite agitando-se ressentidamente, deixando a cama toda desfeita enquanto seu roupão se enrola em pregas desconfortáveis.

Quando os amigos da sra. O. a visitam, eles vão embora querendo saber se, afinal de contas, ela é realmente assim tão eficiente. Muitos deles têm até conjecturado se, talvez há dez anos ou algo assim, a sra. O. não teria fugido com seu lindo taquígrafo.

Capítulo 8

Você ousa ou não?

Pergunta: É verdade que a atitude em relação à moral das mulheres, por iniciativa própria, tem mudado de tal modo nos últimos vinte anos que já não é mais considerado errado para uma mulher sem compromissos ter uma aventura amorosa? Isto é, senhoras decentes realmente podem tê-la?

Resposta: se você espera que digamos para avançar tanto quanto lhe agrade, de forma que a responsabilidade não recaia sobre seus ombros, sentimos dizer-lhe que caminha para uma decepção. Essa é uma questão especial, cuja resposta é pertinente a cada mulher; ninguém além de si mesma pode conceber a resposta.

A única coisa que sua melhor amiga realmente não lhe revelará é se ela é ou não o que já foi considerado uma Mulher de Bem. Não existe nenhum assunto sobre o qual as pessoas sejam tão eloqüentes quanto quando se trata de julgar a castidade alheia, e, por outro lado, tão reticentes quanto quando o mesmo assunto se refere a elas mesmas. Se uma mulher estiver ou não tendo seus momentos, caso ela tenha um mínimo de bom senso, guardará isso em segredo consigo mesma, visto que, em caso afirmativo, a maioria das pessoas ficaria chocada; porém, em caso contrário, o restante das pessoas se sentiria superior.

Entretanto, é inegável que seria loucura pretender que as coisas continuassem sendo como eram. A honra de uma mulher já não é mais mencionada com a respiração alterada nem é protegida pelo pai, pelo irmão e pela comunidade. Hoje em dia, esse assunto é algo que já não concerne a ninguém mais do que à própria pessoa.

Se você tomar como base para resposta à sua pergunta a literatura corrente, a resposta é sim – praticamente toda mulher sozinha tem pelo menos uma aventura amorosa. Se, por outro lado, tomar como base histórias que conhece na prática, seria não – nenhuma mulher escrupulosa jamais teria um caso. E de modo idêntico você estaria errada.

Tantas obras têm sido escritas a respeito da vida sexual da mulher descompromissada nos últimos vinte anos, e ainda tantas mais situações elencadas, que se você tivesse a persistência de lê-las emergiria sentindo-se a única sobrevivente virgem. Mesmo assim, estaria longe da verdade. Até recentemente, o refrão da música apregoava a idéia de que um pouquinho de vida sexual não era assim tão má idéia. Posteriormente a melodia mudou – certa investigação durante um período mais longo de anos manifestamente produziu a surpreendente descoberta de que A Mulher Paga.

Da mesma forma que você muito provavelmente já está habituada a pagar por tudo, do aluguel às suas próprias pérolas, não esperamos que essa opinião possa impedi-la de ter suas aventuras. O que muito provavelmente você deseja saber é: Paga quanto? E esse pagamento vale a pena? Ela paga, na verdade, de muitas maneiras diferentes – com um milhão de pequenas vilezas e humilhações, no quase inevitável amargo fim, no desgaste nervoso. E também, se for sábia, se comporta convenientemente, pagando suas despesas pessoais.

A mulher que vive sozinha tem, naturalmente, uma vantagem sobre as outras mulheres – mas também uma tentação a mais –, a falta de privacidade sendo mais responsável por defender a moralidade da nação do que qualquer sílaba da Bíblia. Nenhum sacerdote, doutor ou cientista jamais teria influência tão coibitiva quanto o bom e salutar medo que um Pai ou uma Irmã Mais Velha poderiam inspirar entrando de repente num ambiente íntimo.

Aventuras não deveriam certamente ser cogitadas antes dos 30 anos. Agora, uma vez que você já tenha alcançado essa idade, se não for ferir uma terceira pessoa e puder aproveitar tudo o que tem para aproveitar – faça-o silenciosamente, com dignidade, com certo humor e sem nenhuma choradeira, lamentação ou ranger de dentes –, talvez a experiência possa valer a pena para você. Ou talvez não.

A triste verdade é que, o que quer que você decida, fatalmente se arrependerá depois. Você vai odiar o miserável fim do romance e ainda vai detestar perdê-lo completamente.

Se houver alguma resposta, ela consiste provavelmente em caminhar num reto e estreito atalho, mantendo-se de tal modo ocupada e distraída que não lhe sobre tempo para preocupar-se com as coisas que lhe faltam. Guardando, também – e esse é o melhor truque que conhecemos –, suficientemente homens e mistério a seu respeito, de modo que ninguém possa adivinhar como você tem resolvido o problema.

Pergunta: uma mulher que vive sozinha com sua empregada, em um apartamento com uma sala de visitas, pode ocasionalmente convidar um amigo homem para pernoitar, se ele vem de fora da cidade e é um velho amigo ou parente distante?

Resposta: Tudo depende daquilo que está preocupando você. Se é aquilo que os vizinhos irão dizer, convide-o sem qualquer sombra de dúvida e deixe-os falar o que quiserem. A fofoca, embora ainda seja uma forma de conversação, é tratada cada vez menos seriamente, e merece ser desprezada. Mas se sua preocupação se refere ao comportamento do cavalheiro, então a questão é outra. Você muito provavelmente o conhece melhor do que nós; no entanto, além disso, segundo nossa opinião, normalmente é necessário que as duas pessoas estejam de acordo para que ocorra algo.

Pergunta: há alguma razão que justifique a mulher não poder receber amigos homens para um jantar ocasional, e convidá-los para acompanhá-la quando ela tem entradas para o teatro ou para concertos? Ela deve sempre esperar até que o homem retorne sua cortesia antes de convidá-lo uma segunda vez?

Resposta: Não existe nenhuma razão pela qual a mulher não deva convidar um homem para jantar ou para acompanhá-la ao teatro ou ao concerto. A freqüência com que ela pode convidá-lo depende de vários fatores – primeiramente, se ela tem ou não propósitos em relação a ele e, nesse caso, de que natureza são eles.

A velha escola julgaria praticamente tudo que você faz como uma perseguição. Alguns homens até gostam disso, mas outros não. Não é preciso preocupar-se muito a esse respeito, visto que você não estaria se arriscando com alguém que você gostaria de ter por perto permanentemente. Entretanto, uma vez que nenhum homem poderia acreditar que você fosse capaz dessa atitude negativa em relação a ele e que a maioria deles será conseqüentemente prudente, é uma boa idéia exercer razoável cautela em relação a eles todos; e uma variedade de apresentáveis acompanhantes é bastante conveniente.

Você ousa ou não?

Não existe nenhuma dúvida de que você pode ser muito mais ousada hoje do que poderia ter sido há alguns anos. Determinadas coisas, hoje consideradas privilégios, teriam feito de você uma mulher leviana naqueles tempos. Isso se deve primeiramente a condições econômicas (responsáveis por todas as coisas atualmente), circunstância esta que evitou que os homens jovens fossem muito ativos socialmente, o que reduziu o comportamento machista, até o momento em que passou a ser bastante usual para as moças pagarem praticamente tudo. Para muitas pessoas, é da natureza do ser humano tirar proveito de tudo o que puderem na vida; esse estado de coisas foi logo tomado como natural – embora ainda existam uns poucos cavalheiros que acreditem que o homem deveria cuidar da mulher.

Há, também, algumas poucas mulheres que dirão que muitos homens são mimados e que, no que lhes diz respeito, um homem deve pagar as contas ou manter-se longe. Essas mulheres são usualmente as perigosas, já que as outras descobrem que os homens se afastam mesmo. Afinal de contas, é melhor ser descarada do que desprezada.

A melhor maneira é fazer com que seus convites sejam aceitos a qualquer preço e não se preocupe com o que o homem pensa, desde que ele vá. Com uma certa freqüência você pode perguntar para ele – perguntas que devem ser escolhidas de acordo com cada caso. Quão bem você o conhece? Que tipo de vítima ele é? Faça uma pequena investigação mental do caso – e depois, faça exatamente como você achar melhor.

Capítulo 9

Uma dama e seu licor

Alguém com idade suficiente para ler estas palavras pode se lembrar do tempo em que poucas mulheres – senão nenhuma – bebiam. Era proibido fazer menção a lábios femininos que ousassem tocar o uísque, bebida considerada definitivamente masculina. Assim como a uma mulher que vivesse sozinha, mantendo seu licor no armário: referiam-se a ela em voz baixa, como sendo uma dama que carregasse um desgosto, como uma insanidade ou epilepsia.

Atualmente, a mulher que não bebe está mais sujeita a ter pressão alta do que prejuízos morais. Mesmo nos restaurantes mais femininos, em que os homens são raros (e desinteressantes), a maioria dos freqüentadores toma coquetéis; tanto uísque quanto gim são aceitos. Em apartamentos femininos, de maneira geral, nem mesmo uma eventual abstêmia deixa de dar um uísque com soda ao convidado. Apreciar a bebida de seus amigos, mas jamais servir alguma bebida, assemelha-se de certa forma a tirar proveito, e a maioria das pessoas considera chato não beber junto com a turma.

Mas, apesar de todo esse moderno ponto de vista, há muitas mulheres que não parecem saber muito a respeito de licores. É possível vê-las em bares, olhando vagamente seus acompanhantes quando eles perguntam o que querem beber; a resposta, nesses restaurantes, costuma ser um vago palpite de que gostariam "daquela bebida clara com azeitonas". Elas aceitam mansamente a suposição de que são os homens que entendem de licor e de que odiamos pensar no que eles podem colocar nos coquetéis cristalinos preparados em casa.

Mas por que os homens deveriam ser os únicos a conhecer de bebidas? Caso você pretenda servi-los, como provavelmente pretende, por que não servir a bebida adequada no momento adequado, sabendo até mesmo como misturá-la? Não é nada vantajoso ser conhecida como aquela que serve terríveis coquetéis de sidra.

Não a estamos encorajando a servir qualquer licor, absolutamente. Também não estamos entrando em assuntos morais – que não concernem, afinal, a ninguém mais além de você. Mas, quaisquer que sejam suas idéias a respeito do assunto, é bastante útil ficar conhecendo o ABC das bebidas. Ainda que você nunca beba, porém mais especialmente se o fizer, saber o que e quanto beber é muito importante. E saber o que servir e quando é algo inestimável para qualquer anfitriã.

Não há maneira mais simples de entreter com sucesso do que em uma festa servir coquetéis, e não há meio mais seguro de oferecer bons momentos a um convidado casual senão servindo uísque com soda. Para quebrar o gelo, juntar estranhos e aumentar a popularidade, o álcool ainda não tem rivais.

Felizmente é absolutamente possível ter festas ocasionais com coquetéis, tendo à mão um adequado suprimento dos ingredientes necessários para servir em momentos inesperados, sem precisar ter uma adega. Com sete garrafas e algum conhecimento, qualquer um pode ser um bom anfitrião.

Como um número surpreendente de mulheres precisa adquirir esse conhecimento, começaremos exatamente do princípio. As sete garrafas essenciais devem conter: xerez, gim, *scotch*, uísque de centeio, vermute italiano e francês, e cervejas. Xerez para os que bebem moderadamente e, cada vez mais, para os sofisticados. Gim e ambos os vermutes para martínis. *Scotchs* para uísque com soda. Uísques com soda e cervejas para a receita do *Old-fashioned*; e essas duas últimas bebidas e o vermute italiano para preparar *Manhattans*. Todas essas variedades podem ser usadas de dezenas de outras maneiras, naturalmente, e você pode acrescentar inúmeras garrafas, contudo você pode ir longe com apenas essas. De fato, com até menos você pode ir ainda mais longe. Se você é principiante como garçom, porém, nós a aconselhamos a apoiar-se exclusivamente nessas, deixando as bebidas com nomes e cores fantasiados para os profissionais.

Comprar licor pode parecer um problema por si mesmo, mas, na realidade, tem deixado de ser um dos grandes mistérios masculinos. Como muitos outros deles, confirmou-se, afinal, como algo simples. O que se precisa realmente fazer é ir a um estabelecimento confiável e conversar em particular com o vendedor. Diga a ele qualquer dúvida que lhe passe pela cabeça e observe como ele responde galantemente a uma dama aflita. Ele vai gostar disso e você sairá de lá com uma compra bastante satisfatória, sentindo como se fosse seu amigo mais beberrão que a houvesse adquirido. Você pode se sentir também um pouco imbecil, mas é melhor sentir-se assim do que atormentada.

Se você for a um estabelecimento não confiável, provavelmente comprará uma pechincha, e pechinchas em licor, assim como em roupas, são somente para aqueles que conhecem. Enquanto estiver aprendendo, nunca compre um produto qualquer, compre apenas o melhor. (Esse, aliás, não é um mau critério a ser adotado para a vida.)

Se não quiser deixar a critério do vendedor, peça a um amigo que costuma servir coquetéis para lhe dizer o nome de uma ou duas boas marcas de cada tipo de licor e as memorize. Se o empório que você freqüenta não tem essas marcas, procure um outro. Ocasionalmente, compre um xerez importado, vindo da Espanha através da Inglaterra. É um velho costume espanhol colocar rótulos falsos, mas as reservas britânicas mantêm a autenticidade aqui ou em qualquer outro lugar. E escolha regularmente vinho seco, mas não o mais seco. O vinho mais seco é uma bebida que muitas pessoas bebem porque ouviram dizer que era chique e não porque gostam realmente.

Uma vez comprados os ingredientes, há ainda a questão de como misturá-los. Uma das regras desse ABC das bebidas consiste em saber que uísque ou gim (ou rum) é a base alcoólica da maioria das bebidas e o copo de dosagem é a medida padrão para cada dose. (Uma dose extra às vezes pode ser uma boa idéia, mas às vezes não; entretanto, racioná-las nunca a tornará uma pessoa popular.) Lembre-se também de jamais, mas jamais mesmo, misturar *scotch* com qualquer coisa – apenas servi-lo puro ou só com água.

Quanto às receitas, você pode, claro, conseguir um bom livro e adotá-lo. Mas qualquer pessoa deveria se sentir apta a manejar receitas para martínis, *Manhattans* e *Old-fashioned*s sem exagerada tensão. Uma vez dominado o assunto, não se deve tentar aprimorá-lo. Você não pode. Essa não é uma área em que possa usar a imaginação. Não pense, também, que seria agradável ter algum coquetel desconhecido como variedade, pois seus hóspedes não irão concordar. Pior do que uma mulher que coloca *marshmallow* na salada é aquela que dedica seu tempo a coquetéis-fantasia.

A seguir apresentamos algumas receitas padrão para os drinques sugeridos.

Uísque com soda: um copo de dosagem de *scotch* num copo alto, com gelo e água comum ou gaseificada. Ou um copo de dosagem de uísque de centeio, com gelo e cerveja de gengibre ou água gaseificada.

Martíni: duas partes de gim para uma parte de vermute francês e uma meia parte de vermute italiano. Acrescente uma casca de limão, gelo, e agite (não bata) até ficar gelado. Sirva com uma azeitona sem recheio e sem caroço para cada copo. (Há inumeráveis variações para essa receita; essa porém é a clássica.)

Old-fashioned: prepare um copo para cada pessoa. Coloque um torrão de açúcar em cada copo, uma pequena porção de licor de Angustura[63] e bem pouca água. Amasse o açúcar. Ponha em cada copo

---

63. Licor de sabor amargo. Usa-se para compor outras bebidas alcoólicas. (N. da T.)

uma fatia de laranja e outra de limão, um talo de abacaxi fresco e xerez de marasquino. Acrescente um copo de dosagem de uísque de centeio e complete com gelo. Sirva cada um com um bastonete apropriado para mexer a bebida e deixe os convidados se divertirem.

MANHATTANS: duas partes de uísque de centeio para uma de vermute italiano e uma porção de licor de Angustura. Acrescente gelo; bata e sirva com uma cereja em cada copo. (Uma cereja com um cabinho dá um toque epicurista à bebida.)

Uma dessas quatro bebidas está entre as favoritas de todas as pessoas, mas certamente você receberá convidados ocasionais com fortes teorias a respeito daquilo que é melhor para eles (e para você). As duas maiores escolas se alternam entre a teoria do Álcool-sem-açúcar, e a do Jamais-mesclar-suco-de-frutas-e-álcool. Deixe o açúcar de fora no *Old-fashioned*, para os adeptos da primeira escola, e não sirva *Old-fashioned* para os segundos. Para todas as outras dietas de bebidas, o *Scotch* com soda ou *Scotch* e água simples são a medida ideal.

Sobretudo, não sirva suco de fruta com coquetéis de gim indiscriminadamente. Eles são responsáveis pela maioria das famosas ressacas do dia seguinte.

Sirva o xerez e os coquetéis antes das refeições, uísque com soda depois ou entre elas. E não se preocupe com relação àquilo que deva ser servido *com* as refeições. Apesar da tonelada de literatura sobre o assunto, serve-se pouco vinho nas mesas americanas. E o que normalmente aparece costuma ser o vinho errado. Somos praticamente uma nação iletrada em matéria de vinhos e de quando e como servi-los; não faz sentido estudar como servir bebidas porque ninguém conhece isso muito bem, e assim sendo ninguém vai mesmo saber se você está servindo corretamente. Além disso, os coquetéis escolhidos pela maioria de seus convidados são coquetéis que podem levar a uma superabundância de outras combinações de bebida, quando não a uma catástrofe.

Toda mulher logo desenvolve sua própria noção do que servir e para quem, mas, em geral, muitas gostam de xerez, que é o mais fácil, uma vez que não demanda preliminares. E ainda com a vantagem de ser melhor – ou, então, menos mau – do que muitas bebidas; e isso é tão absolutamente correto que você pode fazer qualquer hóspede sentir que deve gostar dele, mesmo não gostando. Martínis são o tipo de bebida mais barata entre as recomendadas e suficientemente populares para servir, sem hesitar, a qualquer pessoa. *Old-fashioneds* estão associadas à classe da moderação até certo ponto, em razão de que cada dose deve ser feita separadamente e, em geral, não se espera por uma segunda dose. Deixe as outras bebidas para as pessoas que você quer que fiquem. *Scotch* (ou uísque de centeio) e satisfação são praticamente sinônimos.

O equipamento é importante também, e esse é um item em que o luxo feminino está fora de lugar, mas em que não deixa de prevalecer. Tenha uma boa coqueteleira de vidro transparente (ou uma *top* de linha) com um recurso especial para agitar os martínis em vez de batê-los. É preciso dispor de um copo de dosagem e, principalmente, é preciso usá-lo. Bons coquetéis raramente nascem da intuição. Tenha um pilão de madeira para esmagar o açúcar no *Old-fashioned* e uma coqueteleira especial para as bebidas amargas. Tenha copos convencionais resistentes e uma larga bandeja que não retenha marcas.

Antes de falarmos sobre acompanhamentos para coquetéis, permita-nos uma ou duas palavras em particular a respeito dos seus efeitos. Não faz muito tempo, nenhuma dama teria admitido sentir qualquer um deles. Embriaguez era considerada, como ainda o é agora, algo revoltante; e uma mulher, então, seria rigorosamente tachada de uma coisa ou outra: bêbada ou sóbria. Hoje em dia já é concebível que uma mulher ocasionalmente se situe em algum lugar entre esses dois extremos, com uma definitiva propensão ao estado sóbrio. Já não se condena isso como se condenava há um certo tempo. Há os que consideram não haver sentimento mais agradável do que aquele com que se chega à mesa de jantar – e Deus sabe como! –, quando se dá conta de que qualquer coisa para além da mesa é vago; é um cenário parcialmente iluminado, em que o peito da camisa dos homens e os ombros brancos e as jóias das mulheres estão mais vivamente acentuados do que jamais estiveram antes. Todavia essa é uma experiência para uma dama que percebe sutis nuanças. O próximo passo não é nem charmoso nem atrativo. Sensações que você mantém para si mesma são todas muito boas, mas vozes estridentes, familiaridades excessivas, histórias vulgares e outras conseqüências óbvias de uma falta de discrição são francamente repugnantes.

Tendo completado esse pequeno sermão, vamos voltar à questão do que vai bem com bebidas. Há duas escolas de pensamento a respeito. Uma delas é a da bebida-sem-comida, freqüentada por bebedores pesados, pouco sofisticados e dispépticos, e a outra, que é a maior escola, para a qual os petiscos como acompanhamento são metade da festa. Essa última é responsável por uma infinita variedade de *délicatesses* e de horrores para servir com coquetéis.

Você pode fazer sua escolha, mas aqui estão algumas sugestões.

Antes de tudo, numa recepção em um pequeno espaço, praticidade costuma ser importante – e essa é a situação ideal para isso. Coquetéis deveriam ser acompanhados por petiscos, e não por uma enorme refeição. Eles jamais deveriam servir doces, com exceção, a única possível, de um simples, magro e levemente adocicado biscoito servido com xerez. E não deveriam ser tão pomposos, ou tão variados, uma vez que acompanhamentos líquidos são apropriados para aumentar o apetite e diminuir a discrição.

É muito bom servir elaborados canapés em uma grande festa, mas você provavelmente não dá muitas grandes festas. Pequenas e informais são mais divertidas e mais fáceis, especialmente quando não se tem muito espaço e muitas louças. Além disso, servir canapés elaborados parece um pouco pretensioso. Tente, em vez deles, uma imensa tigela de azeitonas bem geladas e algum salgado crocante, *crackers* não adoçados com patê de peixe e queijo. Ou, ainda, duas ou três variedades do realmente bom *biscuit* de queijo, tal como finos *biscuits*, Cheddar e sanduíches picantes, e *crackers* com chantily. (Há também alguns bem sem graça, que afinal justificariam que algum convidado mais perspicaz falasse de você pelas costas.) E talvez, ainda, nozes ou pipoca com queijo.

Seja o que for que você ofereça, não permita que a hora do coquetel se torne um peso. Sua finalidade na vida é injetar um pouco de alegria em um mundo aborrecido, e, se um coquetel não consegue fazer isso por você, é melhor ir se divertir vestindo uma faixa branca e fazendo discursos sobre um palco improvisado para a liga das Mulheres Cristãs pela abstinência alcoólica.[64]

SITUAÇÕES

SITUAÇÃO N. 21: Sra. A. – Ela é uma jovem divorciada que se sente um pouco amargurada pelo golpe que o destino lhe desferiu. A senhora A. é também

---

64. Além, naturalmente, da ironia da autora, refere-se à sigla WCTU (Woman′s Christian Temperance Union). (N. da T.)

supersensível à ausência masculina em casa e se esforça para compensar essa falta de várias maneiras, uma delas consistindo em servir três rodadas de coquetéis quando recepciona seus convidados.

Seus amigos (assim como ela) não são beberrões. Eles não pretendem tomar três rodadas de coquetel, mas terminam por aceitar e – assim como você também o faria – acabam bebendo. Seus jantares ficaram conhecidos por esfriarem enquanto a última batida é esvaziada. A essa altura, os convidados, que já beberam excessivamente, não têm condições de criticar nem de apreciar a comida, o que é uma pena, uma vez que a senhora A. serve excelentes jantares. Alguns dos seus freqüentadores mais atraentes, que sofreram uma ressaca de dia seguinte após uma de suas recepções, alegam agora um compromisso quando ela telefona para convidá-los.

Situação n. 22: Srta. C. – É uma jovem com 30 anos de idade, extremamente ambiciosa, que não pode dispensar muito tempo de seu trabalho para manter a casa. Por isso, ela vive em um apartamento de dois quartos malcuidado e faz suas refeições em restaurantes. Nenhum problema em relação a isso, exceto quando o assunto é recepcionar e ela percebe que não existe nenhum outro lugar tão adequado quanto a própria casa. Talentosa, entretanto, ela tem se saído bem com suas pequenas manobras e enfrenta tudo sem problema.

A senhorita C. arranjou sua própria versão do que seria um bar numa prateleira do armário da sala. A prateleira é guarnecida com tecido preguedo vermelho, branco e azul, sobre o qual se encontra uma charmosa garrafa vermelha de cristal da Boêmia e cálices de xerez, pratos de cristal e pequenas vasilhas, várias garrafas de xerez, uma garrafa de *glüg*, uma caixa contendo faquinhas de vidro com cabo vermelho, três ou quatro pequenos potes de patês (de Roquefort, anchova e pimentão), uma caixa contendo delicados *crackers* e um suprimento de guardanapos para coquetéis. A qualquer momento, qualquer um ou todos esses utensílios podem ser transportados até uma moderna mesinha de centro em vidro, ao pé do sofá na sala de estar.

Os potes de patês são pequenos, pois, uma vez abertos, precisam ser consumidos imediatamente ou jogados fora. Eles são colocados em pequenos pratos de vidro sobre a mesa, com facas ao lado, e os próprios convidados se servem. Isso tanto gera entretenimento e conversação quanto poupa trabalho. Como a srta. C. não pode beber coquetéis sem gelo, ela preparou uma especialidade de xerez, buscando o melhor e mantendo diferentes variedades à mão. *Glüg*, uma deliciosa bebida sueca, quente e poderosa, ela mantém para convidados que consideram o xerez uma bebida para afeminados.

Situação n. 23: Sra. E. – A senhora E. é uma viúva otimista que vive num subúrbio em Chicago, em meio a uma elegância levemente antiquada, suprida pelo falecido senhor E. Tendo ouvido dizer que o caminho para o coração de um homem passa por seu estômago e havendo uma vez confirmado essa crença, ela agora se esforça para repetir a *performance*. Dessa vez tem se concentrado mais em bebida do que em comida; e uma desafortunada fraqueza por coisas que "são só um pouquinho diferentes" vem se manifestando nela de forma crescente. E ela tem uma tendência a adotar isso em seus coquetéis; então, quando ela recepciona os improvisa, misturando ao acaso doses da vasta adega de garrafas reunidas pelo senhor E. O resultado é tão impressionante em gosto quanto em efeito.

Os vizinhos da sra. E. se queixam de ocasionais badernas perturbando suas noites. Seus amigos começam a comentar a situação precária da mobília, causada por manchas e marcas de cigarro e, pelo menos uma vez, a polícia já foi chamada por causa da baderna.

Capítulo 10

O grande elo

NADA CONTRA SER INTELECTUAL, mas qualquer um que pense que isso significa manter a mente acima da alimentação não é muito brilhante. Não existe, provavelmente, nada que dê tanto prazer quanto a comida, exceto o amor. Comida sem graça, pobre e mal servida pode minar seu moral, enquanto uma comida apetitosa faz a vida parecer mais interessante, apesar de tudo.

Certamente você tem ouvido isso desde o seu primeiro prato de ameixas, mas, se você vive sozinha, provavelmente de tempos em tempos é uma idéia recorrente. Não há dúvida de que o esforço de cozinhar para uma só pessoa vale a pena. Refeições solitárias são também uma maneira sutil de economizar. Mas atenção para esta situação recorrente, minhas crianças: não é possível se tornar uma grande garota sem plena nutrição. E muito raramente a variedade apropriada para a nutrição correta está numa refeição congelada.

Ter três refeições substanciais num dia não é suficiente. É preciso que sejam três refeições que você aprecie. Começaremos com um *breakfast*, que em muitas casas é tão ruim quanto uma refeição na Sing Sing.[65]

Poderíamos bem supor, para começar, que o *breakfast* é a refeição em que se leva em consideração a silhueta. Tudo bem, então, que tome seu suco de laranja, café preto e torradas. Não estamos sugerindo fígados de galinha ou *Waffles* com lingüiça e groselha, apesar de eles representarem uma agradável mudança de vez em quando. Nossa advertência refere-se apenas a uma enormidade de suco de laranja, de café e torrada; realmente bom suco, café e torrada; e todos eles atrativamente servidos.

---

65. Nome daquela que já esteve entre as piores penitenciárias dos EUA. (N. da T.)

O grande elo

Naturalmente, o local civilizado para qualquer mulher tomar seu *breakfast* é na cama. Poderíamos excetuar uma mãe na fazenda, ou a dama italiana cuja família ganhou o prêmio por tamanho na Feira de Chicago. Mas para nós que vivemos sozinhas e cujas manhãs não são dirigidas à prole, ao trabalho rural nem ao marido, a cama continua sendo o melhor lugar (existe, naturalmente, a possibilidade de que você esteja entre aquelas que atiram para trás a coberta e saltam alegremente da cama de manhãzinha, com uma canção nos lábios – mas, nesse caso, você já terá lançado há muito tempo este livro pela janela com alguma expressão bem diferente de uma canção).

Servir um *breakfast* na bandeja não é tão difícil, mesmo se você prepara seu próprio café e precisa estar no escritório às nove horas. Você vai precisar mesmo, de qualquer forma, se levantar para tomar um banho – e é uma boa idéia, depois disso, pentear os cabelos, passar maquiagem, incluindo batom. Feito isso, é recomendável – mesmo que não seja atraente – dirigir seus passos para a cozinha e fazer-se doméstica. Não sugerimos isso como um gracejo, mas como algo que pode ser tolerável. O truque consiste em desenvolver um esquema em que se pode chegar, sem esforço, a um copo – um copo grande e de bela aparência (não um daqueles fofinhos para "suco de laranja") – repleto de suco bem gelado, a um bule de bom e fumegante café, a torradas quentinhas feitas de acordo com sua predileção com um pouco de geléia ou mel; e tudo disposto numa bandeja com algum alegre esquema de cores. Amarelo é agradável, com copo âmbar para seu suco de laranja, ou um jogo para café de florida porcelana inglesa ou ainda um jogo branco de Wedgwood,[66] em uma toalha de cor atraente. Apenas recomendamos não encher a bandeja com uma confusa coleção de miudezas.

Talvez você pense estar pronta para voltar à cama e tomar seu café agora – no entanto seus travesseiros estão graciosamente ajeitados e sua melhor colcha já está arrumada na cama? E quanto ao jornal? Talvez você trabalhe de pé durante todo o dia, em uma atividade nada cativante – mas assim mesmo seja uma mulher elegante, digamos, das 7h45 às 8h15; mesmo que ninguém fique sabendo, pois de todo jeito você se transformará numa pessoa com um toque todo especial durante o resto do dia.

---

66. O texto faz referência à cerâmica de Josiah Wedgwood (1730-1795): consagrado oleiro inglês. (N. da T.)

O grande elo

Saltando apressadamente as refeições, como muitas de nós fazemos, chegamos ao jantar sem poder dizer muito sobre um jantar em grande estilo para uma mulher desacompanhada. Não uma refeição pomposa em uma solitária mesa de jantar, como uma *grande dame* do século XIX, mas em uma pequena mesa ao lado do fogo, ou em uma espreguiçadeira, ou na cama, ou em um balcão – ou em qualquer lugar mais que seja confortável e atrativo. Vista-se com um pouco de elegância para isso. É o momento perfeito para um robe longo e frufrus. A mulher que à noite aparenta estar esperando por um pretendente é como se, na verdade, tivesse vários. (Uma das coisas mais prazerosas em relação à vida moderna é a grande possibilidade de ter alguns pares de namorados.)

Entre os problemas de cear sozinha está o temor das sobras. Repetir uma vez tudo bem, mas repetir frango durante os sete dias da semana não é nada encorajador – e um pouquinho de criatividade pode superar isso. Muitos dos melhores alimentos vêm em embalagens pequenas.

Não vamos entrar na questão dos menus, que podem ser encontrados em revistas ou jornais; contudo, apenas para demonstrar nosso propósito, aqui estão alguns pratos que não irão perdurar para sempre em sua semana. Primeiro, naturalmente, as velhas familiares costeletas de carneiro ou quaisquer outras costeletas. Existe também fígado de galinha ou de boi, que pode ser comprado em pequenas quantidades e servido acompanhado de *bacon*. Moleja e *squabs*[67] para os dias em que você tem vontade de ser elegante. Também carne de boi, que pode ser comprada em grossos retalhos em empórios especiais e preparada como um delicioso guisado. E filés de porco bem pequenos, que ficam especialmente saborosos quando fervidos antes e depois assados com pêssegos em conserva.

Os bons livros (sobre gastronomia) nos revelam que não comemos suficientemente peixe – que é, aliás, uma perfeita solução para o pequeno consumidor. Carne de caranguejo, de lagosta, escalope, filé de solha e toda uma variedade de outros peixes pode ser comprada em pequenas quantidades, conforme a necessidade. Assim como cogumelos, deliciosos com creme e assados. E quanto a ovos assados em ramekins,[68] ou ovos Benedict, ovos à moda do rei, ovos mexidos com tomates, ou talvez aspargos?

---

67. Prato preparado com filhote de pombos. (N. da T.)
68. Prato semelhante a um suflê com molho de tomate e queijo. (N. da T.)

O grande elo

Qualquer um desses como base, com sopa de vegetais, alguma salada verde com tempero francês e um pouco de queijo proporcionam um jantar a que você não se importaria de ter seu pior inimigo presente. Também é possível substituir a salada pela fruta – melão ou frutas vermelhas geladas, ou uma compota. (Para uma combinação muito especial, grandes cerejas negras, que podem ser adquiridas enlatadas, com pêras também enlatadas. E alguma vez você já tentou pêssegos frescos com molho de framboesa?)

Ainda quando não se tem empregada e também definitivamente nenhuma vocação para prendas domésticas, as coisas não são desesperadoras. Existe o grande exército dos enlatados – e com isso não estamos nos referindo apenas à sopa de tomate e ervilhas verdes. Queremos dizer ovas de peixes, sopa de tartarugas verdes, por exemplo, e ainda muitas outras coisas. As possibilidades de sopas enlatadas para solteiras podem tornar você famosa como cozinheira. E uma grande variedade de enlatados atualmente vem em porções únicas.

Há também o Exchanges for Woman's Work,[69] espalhado por todo o país, onde se vende todo tipo

---

[69] Sociedade surgida em Nova York no ano de 1878, cuja finalidade era capacitar e preparar a mulher para o mercado de trabalho. (N. da T.)

de iguarias caseiras e ainda muitos outros lugares para ajudá-la a resolver seu problema. Há empresas que entregarão seu jantar absolutamente quente e fumegante, na hora em que quiser, apesar de não sabermos como.

Receber numa pequena residência é mais difícil, mas não deve ser desencorajante, pois o esforço vale a pena. Coquetéis são, naturalmente, o expediente mais fácil e já falamos a respeito. *Bridge* vem em seguida e os pratos que o acompanham costumam ser simples. Uísque com soda, talvez, e sanduíches. Ou cervejas, *crackers* e queijo. Nesse caso, tenha duas ou três variedades de queijo, do tipo Bel Paese, Camembert, Cheddar no vinho do porto e talvez Roquefort. Sirva-os numa tábua de queijos com uma faca própria e tenha *crackers* salgados crocantes como acompanhamento. Se você possui apenas uma mesa, usada para o jogo, é mais fácil servir tudo isso depois do jogo, mas, se houver várias mesas, pode-se dispor todo o acompanhamento numa mesa próxima, deixando as pessoas se servirem toda vez que uma delas não estiver "morta".[70]

---

70. A palavra "morta" aqui é empregada no sentido lúdico, em referência ao *bridge*.(N. da T.)

O grande elo

Se você é uma mulher que possui tempo livre, há sempre chá a oferecer. E queremos dizer realmente chá. Servi-lo com elegância, em um aparato que pode ir de um conjunto de prataria para chá, no caso de possuir um, a uma fina porcelana chinesa. Com ele sirva somente sanduíches tão finos quanto papel, com agrião ou talvez fatias de pepino. Ou você poderia ainda servir inúmeros biscoitos quentes, com ou sem geléia. Ou pequenas torradas com canela. Não pretendemos menosprezar sua inteligência com a advertência contra bolos gelados recheados ou – Deus nos livre – sorvetes!

Se suas dívidas sociais estão aumentando, um jantar americano é a solução. Você se surpreenderá por descobrir quantas pessoas pode alimentar num pequeno espaço. Mas não suponha que não haja armadilhas. Uma refeição mal planejada pode ser pior do que uma refeição numa cafeteria barata.

Para começar, não espere que seus hóspedes equilibrem pratos, xícaras e copos no colo. Poucos deles vão se tornar mágicos, e salada no chão, ou café derramado não poupam nem tapetes nem temperamentos. Mesa de cartas discretamente dobrada contra a parede pode ser movida numa hora de necessidade, ou, se não houver um número suficiente delas, use outras mesas pequenas, preparadas previamente a partir de qualquer coisa. Mas não as mantenha no caminho quando seus convidados chegarem, nem durante o coquetel, de forma que suas salas (ou sala) não fiquem antecipadamente abarrotadas e seus convidados possam se mover livremente.

A refeição não precisa de grande elaboração, contudo precisa ser boa, muito boa. Nenhuma daquelas banais frituras de Saratoga[71] e frango de festa. Se começar com sopa, providencie para que seja uma sopa muito especial. Ofereça pelo menos um prato quente. Uma boa sugestão consiste na mistura de talharim, fígado de galinha e molho de tomate temperado ao vinho do porto. Molhos Newburgs são uma boa escolha também, ou um *mousse* de halibute ou salmão. Para o *mousse* tenha uma taça com molho tártaro e outra de rábano silvestre misturado com creme batido. Você também pode servir frango ao curry com arroz e todos os habituais acompanhamentos – tempero picante, amendoim picado, *Bombay duck*,[72] pimenta-verde, coco e ovos escaldados em pedaços. Se quiser um segundo prato quente, tente pernil cozido em suco de maçã

---
71. Cidade situada no oeste da Califórnia. (N. da T.)
72. Peixe asiático seco usado como condimento. (N. da T.)

ou presunto em cubos e ovos escaldados assados em molho branco.

Se houver dois pratos quentes, é divertido servi-los um e outro em rescaldeiros, em cada uma das extremidades de seu bufê, ocupadas por diferentes convidados, e acompanhados de uma tigela gigante de salada verde ou verduras frescas com pepinos, tomates e rabanetes, ou ainda uma salada de outros vegetais sortidos. Você poderia também servir língua de boi gelada em geléia ou uma bandeja de ovos acondimentados, pãezinhos quentes, naturalmente, e azeitonas geladas. Para sobremesa, encomendar um sorvete de um fornecedor simplifica o preparo e agrada a todo mundo. Com mais alguns pequenos bolos e café, a refeição estará completa.

Seja recebendo um, seja recebendo vários convidados de cada vez, você pode construir uma boa reputação de anfitriã, não tanto por oferecer grande quantidade de comida, mas por oferecer pratos surpreendentes. Essa é uma boa oportunidade para ser sofisticada e até um pouco esnobe. Procure donos de empórios estrangeiros – deve haver algum certamente próximo de onde você mora – e experimente algumas de suas *délicatesses*. Azeitonas verdes, compota de frutas armeniana (com cascas de laranja e pinhão, entre outras coisas), *borsch* russo,[73] purê de pinhão húngaro, queijo de cabra sueco, empada mexicana[74] – a lista é praticamente infinita, e todos esses pratos fornecem não apenas alimentação, mas ainda excelente conversação. Há poucas coisas que tornam as pessoas mais sentimentais do que seus afetos e desafetos culinários.

SITUAÇÕES

Situação n. 24: Srta. V. – A senhorita V. vive em um apartamento não muito imaginativo no centro da cidade, com sala de estar, dormitório, cozinha e banheiro, mas sua vida ali é desprezível, uma vez que ela permite que seu trabalho prepondere sobre outros interesses. Recentemente, porém, seus instintos femininos borbulharam através da máscara da eficiência, e ela decidiu despender um agradável e longo fim de semana apreciando a vida doméstica em seu próprio *flat*, sem assumir nenhum compromisso do meio-dia de sábado ao domingo de manhã. Mas, por outro lado, também não se organizou. Sábado à tarde ela passou vagabundeando

---

73. Sopa feita à base de beterraba, sobretudo no leste europeu. (N. da T.)
74. Salgado semelhante a uma pamonha, forrado de carne picada e pimenta. (N. da T.)

e preparando um jantar não muito bem-sucedido. Domingo de manhã, levantou-se consideravelmente mais cedo do que esperava, sem notar que o domingo em que não se tem nada para fazer nunca é o domingo em que se dorme até tarde. Levantou-se, arrumou-se sem muito cuidado, vestindo-se apropriadamente para continuar vagabundeando em casa. Isso a fez se sentir e aparentar apropriada para essa vagabundagem. Preparou então um *breakfast* sem nenhuma inspiração, que tomou na cozinha, experimentando um vago descontentamento com a vida nesse meio tempo.

As próximas duas ou três horas foram aproveitadas pondo em ordem as gavetas do escritório e os armários, e lendo o jornal, o que não se mostrou muito divertido. À noite ela sentiu certo enfado e decidiu fazer um lanche, mas as provisões na geladeira não estavam nada interessantes. Como ia ficar sozinha e não havia planejado nada especial, aproveitou os restos para fazer uma refeição mal balanceada e não apetitosa. A agradável tarde para leitura mostrou-se não apenas longa, mas infinita mesmo, pois tinha emprestado da biblioteca um livro cujo tema não lhe era muito conhecido e o considerou maçante. Depois cochilou um pouquinho e acordou com a cabeça pesada. Telefonou para seis amigos sucessivamente, no entanto todos os que estavam em casa já tinham compromisso para o resto do dia. Nessa altura ela se sentiu entediada e impopular. Finalmente, pôs um chapéu e foi cear em um restaurante, onde os casais ao redor e o quarteto de música a fizeram sentir-se muito, mas muito compadecida de si mesma. Ela foi para a cama com a firme convicção de que ninguém a amava e de que os negócios realmente eram seu único escape.

SITUAÇÃO N. 25: Srta. R. – A senhorita R. é uma jovem brilhante que trabalha diligentemente e de forma extraordinária em seu escritório, mas não permite que o trabalho invada sua vida social. Às 5h30 ela floresce, e daí em diante se diverte. Há não muito tempo, contudo, ela decidiu que precisava de uma pequena trégua e assim planejou seu fim de semana em conformidade com essa idéia.

Logo após o almoço, no sábado, foi a um bom salão de beleza, onde passou a tarde inteira cuidando dos cabelos e os cacheando, fazendo um tratamento facial, bem como os pés e as mãos. Uma extravagância, mas o tratamento dos cabelos, os cachos e a manicure eram cuidados que estavam incluídos em seu orçamento; os demais itens ela considerou que não ultrapassavam o que gastaria ordinariamente num sábado de *shopping* e entretenimento.

De volta a seu apartamento, encontrou lá a empregada, que ela mesma arranjara para que chegasse um pouco mais tarde, de forma que ficasse até que pudesse lhe servir o jantar. Depois de algumas orientações, preparou a banheira, antes cuidando de proteger a cabeça completamente com uma toalha; acrescentou uma generosa quantidade de sais de banho na água e um creme nutritivo no rosto, permanecendo na banheira tempo suficiente para relaxar e massageando-se depois com sua água de colônia preferida.

Em seguida a isso, colocou uma roupa íntima e um pijama de cetim vermelho-escuro com que poderia ficar à vontade em casa, e se abrigou no sofá da sala de estar munida de duas ou três das mais recentes revistas. Antes do jantar, a empregada serviu-lhe um cálice de xerez e alguns simples *crackers*.

O jantar, servido numa bandeja, consistiu de um prato de sopa (não uma xícara) de feijão-preto com uma fatia de limão flutuante enfeitando, uma miniatura de caçarola contendo flocos de caranguejo frescos, assados em creme branco temperado com vinho e servido com ervilhas francesas, e salada de almeirão temperada com queijo Roquefort. Café estava proibido, uma vez que as horas seguintes deveriam ser exclusivas para uma completa noite de sono.

Passado o jantar, ela ocupou uma hora escrevendo cartas e, em seguida, foi para a cama. Mas primeiro ela arrumou vários travesseiros confortavelmente, tirou o casaquinho de cetim acolchoado e dispôs um copo de água gelada na mesa de cabeceira. Apanhou o romance de seu autor preferido e o leu até sentir sono, quando então apagou a luz.

Na manhã seguinte, depois do banho, ela agiu como se fosse sair. Arranjou a cama de forma agradável, colocou o jornal de domingo numa cadeira próxima e preparou seu *breakfast* com a fruta daquele dia da semana, café, torrada e geléia, tudo isso acrescido de um pequeno pão doce de frutas e duas fatias de *bacon*.

De volta à cama (novamente com o casaquinho acolchoado), a srta. R. tomou seu café satisfatoriamente e leu o jornal – notícias, escândalos, resenhas literárias, novidades teatrais e tudo o mais, incluindo obituários, e se divertiu perfeitamente. Quando isso começou a cansar, ela pegou o telefone (ao alcance da cama, naturalmente – já dissemos que é uma jovem brilhante) e começou a telefonar para vários amigos. Acomodada entre as almofadas, soube de boas e divertidas fofocas de cada um deles, o que lhe deixou num excelente humor. E não se levantou até a hora do almoço, quando então preparou uma bandeja com as sobras da sopa de feijão preto, uma salada de abacate e Melba *toast*.[75] Depois disso, ela leu um pouco mais do romance até as 15h30, quando então se vestiu e – apressada para conseguir um lugar – foi à igreja. (A srta. R. foi educada por pais que acreditavam que a semana

---

75. Torrada considerada de baixa caloria, indicada para dietas. (N. da T.)

caminha melhor quando precedida da presença na igreja no domingo, e, apesar de todas as tentativas para provar o contrário, ela considera que, na verdade, é assim mesmo que deve ser.) Passada a tarde, retornou a seu apartamento, vestiu um traje de noite e se embelezou, preparando-se para a chegada do namorado, que a levou para jantar num agradável restaurante, fechando um perfeito fim de semana.

Capítulo 11

Seria melhor pular este capítulo

AGORA QUE JÁ FALAMOS sobre extravagância, vamos a uma meia-volta apropriada. É muito provável que você faria melhor não lendo, absolutamente, este capítulo. Ele fala sobre *poupar*, essa virtude desmazelada e fora de moda que jamais foi realmente bem apreciada por ninguém, exceto pelos sovinas e pelo senhor Coolidge.[76]

---

76. Idem nota de rodapé 26. (N. da T.)

Muitas pessoas, durante os primeiros trinta anos de suas vidas, são incomodadas por alguém que fala em favor dessa virtude, o que se mostra, mais tarde, um incômodo ainda mais perturbador quando descobrem que tudo o que o senhor Scrooge[77] dissera era verdade. Um dos mais sombrios Fatos da Vida é que, no final das contas, o mais cansativo dos conselhos sobre centavos economizados acaba comprovando-se como uma realidade.

Não a estamos aconselhando a economizar por uma razão boa e moral, mas simplesmente porque, à medida que o tempo passa, gastar seu próprio dinheiro é tão saboroso quanto beber uísque, enquanto ter o dinheiro de outras pessoas gasto com você produz, no máximo, um leve prazer, comparável a beber um copo de limonada. É pelo menos duas vezes mais divertido comprar algo na loja de liquidação com um dinheiro que é seu e de ninguém mais do que com dinheiro regateado para uma compra na Cartier.[78] E a grande maioria das mulheres que vivem sozinhas tem de fazer alguma economia se pretende continuar com esse prazer no amargo fim.

---

77. Personagem avarento da literatura de Charles Dickens (escritor inglês do século XIX). (N. da T.)

78. Joalheria de extremo luxo. (N. da T.)

Seria melhor pular este capítulo

Nenhuma jovem em sua adolescência acredita nisso. Igualmente poucas na idade dos 20 anos. E muitas mulheres na faixa dos 30 e 40 anos tampouco aprenderam isso. Praticamente quase todas nascem com a crença de que algum homem um dia se casará com elas e as sustentará, ou, na pior das hipóteses, acreditam que um parente falecido lhes deixará uma fortuna. Trata-se, provavelmente, de um instinto legado pela Providência e que tem alguma coisa a ver com a propagação da espécie. Não temos tempo para sofismar a respeito, mas é um fato e seria preciso um longo, mas bem longo tempo para desarraigá-lo.

E, finalmente, se nenhum marido apareceu e nenhum prestimoso parente faleceu, surge a terrível convicção de que pôr a salvo um pouquinho para os dias de inverno não é assim tão má idéia. À medida que o tempo passa, os dias de inverno assomam mais e mais como algo inevitável, deixando de ser apenas uma ficção.

Aos 20 anos também temos a impressão de que nossas necessidades se tornam menores com o passar do tempo. Mas na idade madura, digamos 42 ou 43 anos, isso se confirma como uma outra desilusão. Então você não apenas gosta de perfumes caros, como também eles se tornaram um hábito em sua vida. Você já sabe muito mais a respeito de boas roupas, comidas exóticas, cidades estrangeiras e outros luxos; e seus gostos são, assim, mais caros. (Nós mesmas odiamos pensar o quanto vamos custar aos 80 anos.) A mulher que faz suas economias no começo de sua vida é uma afortunada. Afortunada, mais do que prudente, uma vez que, de qualquer forma, se trata quase sempre apenas de uma questão de circunstância.

Assim, viver sozinha pode ser uma tragédia no começo e uma ocupação solitária por muitos anos, mas em algum momento pode se tornar uma paixão. Para ter uma noção cruel do horror, pare um pouco e imagine uma mulher que, tendo vivido encantadoramente em sua própria casa por dez ou vinte anos, precisa, de repente, mudar-se para uma nova casa com parte de sua família. (E talvez uma parte não muito afim.)

É possível, também, encarar o fato logo nas primeiras horas do jogo, apostando que, se aos 40 você está vivendo sozinha, provavelmente ainda vai estar aos 50, 60 e mesmo aos 80 anos. Pelo menos em algum momento da sua história, não será capaz de sair e ganhar seus próprios martínis. Uma vez que essa terrível possibilidade tenha se alojado em seu pensamento, talvez se mostre menos desejável gastar totalmente seus rendimentos uma semana antes de recebê-los.

Se você tem faro para investimentos ou se é espontaneamente econômica, é bem provável que não precise de nossas palavras de sabedoria. Se, por outro lado, pertence ao grande número daquelas que tomam o dinheiro como algo simplesmente para gastar, capazes de fazer decrescer qualquer reserva em dinheiro, ou que supõem pôr alguma coisa na poupança como investimento a lucrar na semana seguinte, então é melhor continuar lendo.

Aqueles esquemas sedutores, vendidos por homens persuasivos que pretendem torná-la rica rapidamente, não foram feitos para você. Tampouco aquelas moderadas formas de especulação recomendadas por primos de segundo grau ou velhos amigos da família. Para você, apenas fundos fiduciários, anuidades e outros investimentos seguros que avançam de forma lenta e sóbria, sem jamais a tornar rica, no entanto trazendo estabilidade e segurança.

Uma vez que você tenha assinado um documento se responsabilizando pelo pagamento de algum título, ficará submetida ao contrato – de fato, como deve ser. Regularmente terá de pagar, ou perder ao menos parte daquilo que já tenha depositado, e assim continuar pagando, com o tépido conforto de que daqui a 30 anos, ou algo assim, quando alguém fizer menção de que você deveria ir para o asilo de idosas, você poderá dizer-lhe com palavras nada lisonjeiras o que pensa a respeito dessa pessoa.

Você provavelmente deve estar pensando: e o que dizer sobre todas aquelas pessoas que pouparam devotamente e mesmo assim perderam seu dinheiro? Sabemos tudo sobre falências de bancos, também, mas ainda acreditamos que o velho bom sistema é mais seguro do que qualquer outra novidade que se possa inventar. Se você deposita seu dinheiro no banco, as chances são no mínimo de dez para uma de que ele estará lá quando tiver guardado o suficiente para pensar em investimentos; porém, se você o tiver gastado, não haverá seguramente nenhuma chance.

Em geral, é uma boa idéia para a mulher comum, não exatamente aquela profissional eficiente, evitar investir com parentes ou mesmo com velhos amigos. Na verdade, nem mesmo o mais confiável dos indivíduos está mais a salvo do que uma boa, sólida e bem conhecida instituição costuma estar. Tio Henrique pode bem ser absolutamente honesto, mas pode também se desatualizar à medida que os anos passam, ou mesmo sofrer de demência senil, o que raramente é provável acontecer a uma autêntica instituição financeira ou a uma companhia de seguros. Você deve conversar com seu cunhado e com velhos advogados da família, caso julgue necessário, mas pelo menos fale com diversas pessoas.

Não julgamos realmente necessário, na verdade. Mas é provável que você seja preguiçosa em relação ao assunto finanças, como muitas de nós; ou talvez julgue que desamparo possa ser algo atraente. Ou você realmente participa da difundida noção de que somente a mente masculina é capaz de dominar o assunto finanças. A conseqüência desse pensamento bitolado é que mesmo a mulher mais inteligente vai recorrer, em caso de negócios, aos conselhos de um homem que raramente costuma ser tão brilhante quanto o próprio discernimento feminino. O fato de ele nunca ter feito nada muito impressionante com seus próprios investimentos não importa de modo algum. Para a maioria das mulheres, o mundo das finanças é tão misterioso quanto o interior do Clube Universitário e ultrapassa sua compreensão.

E, aliás, esse é um mundo em que um crescente número de mulheres está fazendo sucesso. Contudo nem você nem eu precisamos de um dom, como um talento para a música, para entender o mais simples dos negócios em finanças. Se precisássemos, haveria mesmo uma porcentagem bem maior de desemprego entre os homens que conhecemos. Com um pouco de leitura, entretanto – a seção de finanças de um bom jornal diário ou a literatura produzida por algumas boas instituições financeiras –, poderíamos provavelmente aprender o suficiente para melhorar tanto nosso conhecimento quanto o do homem. Certamente o conseguiríamos se aplicássemos em nossos investimentos o mesmo bom senso que aplicamos para fazer nossos gastos.

Soubemos de uma mulher que teve sua conta cancelada numa falência bancária e que agora confronta a recomendação de seu banco com aquela de três outros em três diferentes cidades, antes mesmo de fazer qualquer movimentação financeira. Não sabemos se ela está se aproximando de ser rica, mesmo porque essa é uma época em que ninguém consegue saber exatamente o que vai acontecer em seguida, mas não seria surpresa, para nós, vê-la recuperar as jóias da família.

Quando chega o momento de reservar o dinheiro necessário, provavelmente o fundo mais seguro é o sistema financeiro, por mais sombrio que possa parecer (e, para ser honesta, ele de fato o é). Não um sistema inflexível, com cada cédula precisando ser justificada, mas um sistema flexível, que reparta igualmente seu rendimento. Não imite as contas de qualquer outra pessoa. Faça as suas próprias, baseada em suas economias e extravagâncias. Se puder, mantenha um apartamento de cinco cômodos, mas podendo arranjar-se com um de dois quartos e fazer uma viagem a cada ano, opte pela viagem. Se puder vestir roupas baratas e ir ao teatro freqüentemente, ou vestir roupas caras e viver com uma alimentação modesta e simples, vá em frente. Não se preocupe se seu esquema não se adapta a nenhum dos livros que procuram instruí-la sobre qual proporção dos seus proventos deveria ser dirigida para cada finalidade. Afinal, trata-se de algo que tange diretamente a você e não a nenhum autor.

A idéia é saber onde você está e onde vai exibir-se no final do ano ou mês. Isso significa fazer ao menos um plano geral para uns bons seis meses adiante, de forma que não tenha a ilusão de ser suficientemente rica para comprar um casaco de peles em determinado mês e descobrir-se no mês seguinte sem condições para pagar o mínimo devido. E não obstante seu orçamento organizado, mantenha um dos itens assinalado como "Gastos". Não se trata do mesmo item destinado a despesas com médicos, dentistas e outras catástrofes. Você pode denominá-lo "Miscelânea" ou "Extras" ou "Doenças", ou ainda qualquer nome que agrade sua fantasia. Pode parecer supérfluo, para você, e ocasionalmente pode até mesmo ser supérfluo; mas nesse caso sempre será possível gastá-lo num traje a rigor ou numa viagem para as Bermudas.

SITUAÇÕES

Situação n. 26: Srta. Y. – Ela odeia números tanto quanto você, mas vende roupas íntimas em uma loja não muito elegante e finalmente descobriu que o salário de vendas é insuficiente. Depois de algumas das numerosas vezes em que se viu sem dinheiro suficiente para o almoço, dois dias antes da data de receber – e em que precisou declinar do convite de um jovem, exatamente por que, sem dinheiro, não poderia recorrer a uma cabeleireira e seus cabelos estavam muito feios para ir a um encontro –, ela passou a se restringir dentro de um orçamento, que costumava obedecer, ao menos, de forma geral.

O salário da srta. Y. equivale a 100 dólares ao mês, e seu planejamento é o seguinte:

Lar, doce lar	$ 30.00
Breakfast (de boa qualidade)	$ 5.00
Almoços (bem incompletos)	$ 9.00
Jantares (bons)	$ 18.00
Guarda-roupa (requer algum esforço)	$ 15.00
Despesas pessoais (luz, gelo, lavanderia, suprimentos para arranjos domésticos)	$ 10.00
Lazer (exceto quando se destinar a dentista)	$ 8.00
Gastos	$ 5.00
Total	US$ 100.00

De vez em quando, a srta. Y. se apropria dos valores destinados a lazer para pagar despesas pessoais, mas ela sempre procura fazer a devolução aproximadamente no valor, e, desse modo, já não fica mais sem dinheiro para o almoço.

Situação n. 27: Srta. I. – A senhorita I. escreve matérias para uma agência de publicidade e conhece tudo sobre caviar e sobre estréias teatrais. No entanto se você pensa que os problemas financeiros dela são menos cruciais do que os da senhorita Y., será realmente surpreendente sua falta de conhecimento do mundo. Quando ela teve um aumento de 10 dólares por semana, seu padrão de vida subiu para 15 dólares por semana, e se ela não o introduzisse na previsão orçamentária, que sua melhor amiga lhe preparara, seria de verdade triste pensar naquilo em que a srta. I. poderia ter se transformado.

O salário dela é de 50 dólares por semana ou aproximadamente 215 por mês, e abaixo temos seu planejamento:

Apartamento de dois quartos	$ 60.00
Breakfast (não só torrada e café)	$ 8.00
Almoço (simples quando sozinha; completo quando acompanhada)	$ 18.00
Jantares (em casa e com estilo)	$ 25.00
Roupas (e aqui a mordida)	$ 30.00
Despesas pessoais (luz, telefone, lavanderia, arrumadeira)	$ 24.00
Lazer (teatros, cabeleireira, entretenimento)	$ 25.00

Gastos .... $ 25.00
Total .... US$ 215.00

Isso é o que a senhora H. (amiga da srta. I.) assegura para a srta. I. que pode ser feito, e ela sabe bem sobre o que está falando. Mas nós duvidamos que a srta. I. o faça porque ela é uma mulher que se deixa tentar por qualquer coisa que se pareça com um bom negócio, considerando como motivo o fato de cada dia ser uma ocasião especial para celebrar, e sempre acreditando estar a caminho de vencer a próxima corrida de cavalos.

Situação n. 28: Sra. H. – Ela vive tão encantadoramente, que seus amigos a julgam uma pessoa extravagante; no entanto, a senhora H. ganha não 50, mas 40 dólares por semana. De vez em quando oferece um jantar festivo para convidados que apreciam mais vir a seu apartamento de dois quartos do que ir à espalhafatosa Park Avenue. E seu apartamento é de longe mais atrativo do que o da srta. I. e a sra. H. também se veste e se arruma melhor.

O fato é que a sra. H. tem um faro – não tanto para fazer dinheiro quanto para ir longe. Ela sabe que a maior das economias domésticas nasce do bom gosto, uma vez que ele impede que você erre nos gastos.

O apartamento da sra. H. custa, por mês, 10 dólares a menos do que o da srta. I., e antes que ela se mudasse para ele a diferença parecia muito superior a isso. Agora a diferença aparentaria bem o contrário. Os quartos são bem largos e pintados com um suave amarelo-claro, as cortinas são em aconchegante verde-maçã. Contra esse fundo, muitos loureiros e folhagens de mirtilo em vasos de vidro (adquiridos em bazares) parecem até mais eficazes do que os vasos de rosas que tanto satisfazem a srta. I. As folhagens resistem, conforme se sabe, e duram meses, enquanto as rosas, usualmente compradas na esquina, já estão murchas no dia seguinte.

A senhora H. descobriu que seus amigos apreciavam seus jantares tanto quanto a um jantar formal (coisa que ela não está equipada para oferecer, ainda que pudesse bancá-lo). Ela costuma servir *spaghetti* e queijo, feijão com carne de porco, presunto em cubos e ovos cozidos no forno em molho branco, tigelas de madeira com chicória, alface, escarola e rabanetes com um tempero gastronômico francês que ela mesma faz. Pão sueco, queijo (uma bandeja com variedades) e um café completam essa refeição, e você não acreditaria se lhe disséssemos quão pouco custa.

A senhora H. planeja tão bem seus gastos que tem sempre dinheiro suficiente reservado para tirar vantagens de liquidações, mas ela nunca compra nada além do que precisa – de roupas a panos de prato – para conservar seu conforto, visto que aprendeu que quanto mais você tem, de mais tempo e trabalho vai precisar para conservar esses bens. Ela se esforça por manter tudo o que tem em excelente estado.

Situação n. 29: Srta. O. – Aos 58 anos ela se aposentou, depois de uma longa carreira em uma firma de publicidade. Mora numa pequena casa encantadora, com jardim e garagem, no subúrbio de Chicago. Comprou a casa com o dinheiro que aplicou em pequenas quantias semanais, na Home Building e Loan Company,[79] por bem mais de vinte anos. Uma vez que isso equivalia à maior parte de suas economias, ela tem muito pouco além de sua casa, embora a propriedade tenha três grandes e magistrais quartos, e mais um de empregada. A srta. O. ocupa um quarto e aluga outro para uma viúva, amiga de

---

79. Instituição financeira tradicional, existente ainda nos dias de hoje. (N. da T.)

escola. O terceiro é ocupado por duas irmãs pouco mais jovens do que ela, que ainda trabalham. Dessa renda, ela paga uma empregada e guarda um pouco para si.

Todas essas garotas, como são chamadas por seus amigos, levaram a vida trabalhando duramente e sem nenhum acontecimento especial em seus dias, até que juntassem forças suficientes para a virada; e agora estão indo à forra. Cada uma delas tem um *hobby*: a senhorita O. adotou a jardinagem, a amiga viúva, excursões de automóvel, enquanto as irmãs escolheram pintura e genealogia, respectivamente. Elas viajam pelo país nos finais de semana e feriados, recebem visitas para jantar e jogar *bridge*, e aprenderam a preparar os próprios coquetéis.

Situação n. 30: Srta. Van D. – Ela é a protagonista de uma triste história, que pode ser atribuída ao fato de ter sido uma beldade. Loira, esguia e graciosa na idade de 14 anos; todo mundo, incluindo seus pais e ela própria, acreditavam-na capaz de destruir muitos corações, mas, aos 18 anos, suas idéias a respeito de um bom casamento haviam se tornado tão pretensiosas que nenhum dos pretendentes era considerado bom o suficiente.

Seria melhor pular este capítulo

Quando seus pais morreram, ela se viu numa situação precária; continuava loira, esguia e também esperançosa. E foi assim que veio para Nova York, onde acreditava poder encontrar mais pessoas capazes de apreciar seu charme em rosa e branco. Teve certa dificuldade para achar uma posição como modelo – o que, de todo modo, não foi muito proveitoso nem se comprovou como um caminho para o matrimônio. A figura esbelta da srta. Van D. era exibida em vestidos e capas, realçando-a o mais favoravelmente possível, mas apenas para ricas matronas e viúvas robustas, totalmente o oposto de belas modelos.

Ela conquistou alguns admiradores, contudo aqueles que eram suficientemente ricos tinham intenções outras que não o matrimônio e vice-versa. Julgou então que seria sensato investir seus últimos proventos em roupas, cabelo e pele, visto que a aparência pessoal era seu grande trunfo. Com o passar do tempo isso começou a custar cada vez mais caro, e os pretendentes, por seu lado, cada vez em menor número. Seu padrão de um bom casamento também se tornou menos exigente, com o tempo, mas suas oportunidades nunca o seguiram muito de perto.

Finalmente, precisou trocar sua ocupação, de modelo para vendedora em uma livraria. Nessa época, sua beleza era um pouquinho artificial e desbotada. Os apreciadores de livros do sexo masculino eram bem mais numerosos do que os clientes homens para roupas femininas, e ainda a maioria deles era pobre.

A srta. Van D. ainda trabalha na livraria, mas já não é mais uma beleza e, às vezes, quando acorda no meio da noite, pergunta-se o que acontece com as pessoas quando não têm mais um trabalho e nenhum dinheiro no banco.

Capítulo 12

Mais etiqueta para uma mulher sozinha

Pergunta: É correto para uma mulher ir a um bar e tomar um coquetel, se estiver sozinha na cidade?

Resposta: Não é incorreto para uma mulher ir sozinha a qualquer bar onde possa entrar (porque há bares cujo acesso só é permitido a homens), mas não a aconselhamos a fazê-lo. Em primeiro lugar, pretendendo tomar uma bebida, pode-se fazer isso em um saguão de hotel ou em um restaurante, onde não vai aparentar ser uma mulher desprezada ou chamativa, como poderia forçosamente ocorrer em um bar. Apesar de nosso canto de glória ao licor, não incentivamos beber sozinha. Triste verdade, mas essa é uma daquelas coisas que costumam vir a ser conforme pregam os livros da Escola Dominical.[80] Torna-se um hábito e pode parecer inofensivo enquanto você tem seus 20 ou 30 anos, mas algum dia os duendes a pegarão. É sábia a mulher que sabe limitar suas bebidas a ocasiões sociais.

Pergunta: Se uma mulher é convidada para uma festa na qual ela sabe que haverá homens presentes, porém em que não se faz nenhuma menção sobre a possibilidade de levar acompanhantes, ela pode ir acompanhada?

Resposta: Depende da festa. Caso se trate de uma em que um número exato de convidados está sendo esperado – um almoço, um jantar, uma noite de *bridge*, uma peça de teatro ou qualquer ocasião em que é necessária uma condução –, certamente não. Sua anfitriã certamente previu uma companhia masculina para você, e ele pode mostrar-se bem mais interessante do que aquele que você pretendia levar. Ou não, mas de qualquer modo será preciso contentar-se com ele.

---

80. Refere-se aqui a instruções de caráter religioso. (N. da T.)

Mais etiqueta para uma mulher sozinha

No caso de uma festa maior – um baile, um coquetel ou um jantar americano, por exemplo –, é recomendável telefonar para sua anfitriã, perguntando se seria conveniente levar um convidado por conta própria como sua companhia. Ela certamente ficará bastante agradecida por sua iniciativa.

Por outro lado, se for uma recepção ou um baile de grandes proporções, leve apenas seu par como acompanhante, pois ninguém vai perceber – e menos ainda sua anfitriã.

Agora, se você é do tipo que precisa sempre levar um acompanhante, seja qual for a festa, você bem pode, afinal, ficar em casa.

Pergunta: Quando uma mulher vive sozinha com uma empregada, num apartamento de cinco quartos num subúrbio de Nova York, quais serviços ela pode esperar que sejam feitos pela empregada?

Resposta: Ela pode esperar que a empregada faça tudo – exceto, talvez, limpar as janelas e cuidar de lençóis e toalhas de banho. Se ela for realmente uma mulher inteligente, vai estimar sua empregada muito mais como um solteiro estimaria seu criado pessoal – e conseguindo os mesmos resultados. Sabemos de uma mulher de negócios – que ainda vive num subúrbio – que agiu de acordo com esse princípio por muitos anos e, apesar de estar bem longe de ser uma mulher doméstica, sua casa é alvo de inveja de suas irmãs casadas. Sua empregada não apenas cozinha, limpa e lava; ela também remenda e passa as roupas da patroa, faz as compras e dirige o carro. Lidando noite e dia, realiza todas as incumbências com esmero e rapidez, e um entusiasmo advindo do fato de sua patroa valorizá-la como a qualquer outra profissional, dando ao seu tempo livre a mesma consideração que lhe seria dada em um escritório.

Durante os três anos em que essa singular empregada realiza sua tarefa, ela tem aumentado enormemente seu próprio valor, aprendendo a dirigir um carro tão bem quanto a lidar com um aspirador de pó, assimilando as sutilezas de servir um *breakfast* numa bandeja e conhecendo exatamente os ingredientes necessários para fazer praticamente qualquer tipo de coquetel; e ainda supera, no que se refere à paixão que muitas empregadas têm por bater um creme *chantilly*.

Pergunta: Com todas as coisas terríveis que lemos em jornais, existe realmente alguma possibilidade de que uma mulher possa estar a salvo vivendo sozinha numa cidade grande?

Mais etiqueta para uma mulher sozinha

Resposta: Ninguém está inteiramente a salvo em lugar nenhum, seja sozinha seja acompanhada, mas o tipo de coisa a que está se referindo não é mais provável que tenha acontecido a uma mulher sozinha do que a outra em qualquer condição. Não sabemos exatamente por que, mas, de repente, não podemos pensar em um tremendo caso de assassinato em que a vítima seja uma mulher que vive sozinha. Podemos, naturalmente, imaginar uma enorme quantidade de boas razões por que coisas terríveis poderiam lhe acontecer, em seu estado desprotegido, muito mais facilmente do que aconteceriam a outra que vivesse com seu marido e mais 13 crianças. Podemos também pensar nas razões por que é mais provável ser morta num vôo do que viajando de trem, e vice-versa, dirigindo do que andando, ou o contrário, descendo ao andar de baixo do que patinando no parque.

Uma vez que se está viva, as chances de que alguma coisa espetacularmente terrível possa ocorrer são proporcionalmente de um para várias centenas de milhão. Suas chances de vencer numa aposta de cavalos são comparativamente bem maiores. E, no entanto, você alguma vez conseguiu vencer alguma?

Pergunta: Uma mulher que está viajando sozinha, especialmente num navio, pode conversar com companheiros de viagem sem que primeiro lhes tenha sido apresentada?

Resposta: Se você tem idade suficiente para viajar num navio, o mesmo se pode dizer em relação a conversar com alguma pessoa que lhe interesse. Esse constitui, na verdade, um lugar perfeito para uma pequena experiência. Pode passar por algumas experiências estranhas, mas será, conseqüentemente, uma mulher bem mais liberal. Um cruzeiro propicia a grande vantagem de manter uma barreira em relação a todo o restante de sua experiência de vida. Amigos que você conhece num navio não precisam jamais ser reencontrados, se você preferir assim. Além disso, poderá agir sem os olhos da família ou de amigos sobre você. Freqüentemente, é comum passar horas encantadoras com alguém que seria embaraçoso conhecer em sua casa. Ao mesmo tempo, não é preciso se preocupar com a possibilidade de algum homem maçante pertencer ao mesmo círculo social que o seu, em sua cidade natal. Contrariamente a todas as suas prévias instruções, é uma boa idéia começar qualquer viagem com uma mente aberta, falando quando convidada a fazê-lo – até que perceba que não é recomendável prosseguir na conversa. Houve tempo em que isso foi considerado um grave perigo, mas atualmente qualquer jovem saberia como enfrentar. Caso não o saiba, há sempre o comandante ou o capitão a quem recorrer.

Essa atitude, no geral, quando seguida de maneira não tão literal, não é nada má para se adotar ao longo da vida. Agindo assim, provavelmente você não terá de viver sozinha e gostar disso.